BEM DEVAGARINHO
Catequese de Iniciação I
Catequista

Coleção Deus Conosco

BEM DEVAGARINHO
Catequese de Iniciação I
Catequista

Lydia das Dores Defilippo
Lucimara Trevizan
Fausta Maria Miranda
Pe. Almerindo Silveira Barbosa

Petrópolis

© 1990, 2019, Editora Vozes Ltda.
Rua Frei Luís, 100
25689-900 Petrópolis, RJ
www.vozes.com.br
Brasil

25ª edição, 2019.

1ª reimpressão 2023.

Todos os direitos reservados. Nenhuma parte desta obra poderá ser reproduzida ou transmitida por qualquer forma e/ou quaisquer meios (eletrônico ou mecânico, incluindo fotocópia e gravação) ou arquivada em qualquer sistema ou banco de dados sem permissão escrita da editora.

CONSELHO EDITORIAL

Diretor
Volney J. Berkenbrock

Editores
Aline dos Santos Carneiro
Edrian Josué Pasini
Marilac Loraine Oleniki
Welder Lancieri Marchini

Conselheiros
Elói Dionísio Piva
Francisco Morás
Gilberto Gonçalves Garcia
Ludovico Garmus
Teobaldo Heidemann

Secretário executivo
Leonardo A.R.T. dos Santos

Projeto gráfico e diagramação: Ana Maria Oleniki
Revisão: Alessandra Karl
Capa: Ana Maria Oleniki
Ilustrações: Robson Araújo

ISBN 978-85-326-6143-2

Este livro foi composto e impresso pela Editora Vozes Ltda.

SUMÁRIO

Apresentação, 7

Orientações metodológicas, 9

DEUS SE COMUNICA CONOSCO PELA NATUREZA

1. Vamos nos conhecer?, 17
2. Celebração de acolhida: Jesus é nosso amigo, 20
3. Respondendo ao chamado, 23
4. Nosso mundo, presente de Deus, 26
5. Nosso mundo é lindo demais!, 29
6. Deus criou a luz! Viva a luz!, 33
7. Água, fonte de vida!, 38
8. As montanhas e os vales verdejantes, 42
9. As sementes e as plantas que Deus criou, 46
10. A beleza e o perfume das flores, 51
11. O sabor das frutas que Deus criou!, 55
12. Os animais em sua vida!, 58
13. Celebrar a criação!, 62

DEUS SE COMUNICA COM AS PESSOAS ATRAVÉS DE MIM

14. Sou gente, sou importante!, 67
15. Posso olhar e sentir, 71
16. Que alegria, posso ouvir!, 75
17. Minhas mãos e meus pés me levam ao seu encontro, 79
18. A alegria de ser criança, 83
19. Eu e as crianças do mundo inteiro, 87
20. A festa da vida, 91

DEUS SE COMUNICA CONOSCO ATRAVÉS DAS PESSOAS

21. Na família: Crescer no amor, 97

22. Celebração com a família, 102

23. Minha comunidade: a grande família, 105

24. Viva o padroeiro da comunidade!, 108

DEUS FALA CONOSCO ATRAVÉS DE JESUS

25. Deus se comunica conosco na Bíblia, 113

26. Celebração: Bíblia, Palavra de Deus!, 116

27. Deus nos envia seu filho, 119

Anexos

Anexo 1 – É Natal!, 125

Anexo 2 – Celebração: Maria, mãe de Jesus, 129

Anexo 3 – Campanha da Fraternidade, 132

Anexo 4 – Festa da Páscoa: Jesus está vivo!, 135

Referências, 139

Apresentação

A Coleção Deus Conosco oferece uma catequese à serviço da Iniciação à Vida Cristã e, portanto, atenta as grandes características da inspiração catecumenal, como nos pede a Igreja hoje. O seu foco principal é o anúncio de Jesus Cristo, num processo de amadurecimento da fé e crescimento na vida cristã.

Outra marca presente na coleção é a preocupação com uma catequese que esteja atenta a realidade do catequizando na cultura atual. Além disso, o catequizando é o grande protagonista, ou seja, o sujeito do próprio caminho. Aprende dialogando, brincando, refletindo, descobrindo o gosto bom de viver em comunidade e ser amigo de Jesus.

Destaco também que a Palavra de Deus é a grande fonte e alimento de todo o itinerário da Coleção. Os autores se preocuparam em adequar o uso dos textos bíblicos de acordo com a idade do catequizando, sem deixar de despertar para a beleza da Palavra de Deus.

Cada encontro catequético quer resgatar uma das mensagens mais preciosas do cristianismo: Deus tem fé em nós. Ele está conosco. Por isso, posso dizer que o grande objetivo dos encontros catequéticos é provocar a confiança (fé) em Deus, que não desiste de nós, apesar de nossos fracassos e fragilidades. Ele não desiste, pois até o próprio Filho nos enviou para revelar o seu amor por nós. Contagiando o catequizando com essa Boa Notícia, a Coleção quer provocar o desejo, em cada um, de ser testemunha da bondade, fraternidade, compaixão, mansidão e misericórdia de Deus.

Inês Broshuis
Catequéta. Foi assessora Nacional de Catequese e membro
da Comissão Catequética do Regional Leste II – CNBB.
Autora de vários livros de catequese.

ORIENTAÇÕES METODOLÓGICAS

1. Características da **Coleção Deus Conosco** que são de inspiração catecumenal:

- Propõe uma catequese querigmática e mistagógica, proporcionando o encontro com Jesus Cristo, num processo de iniciação à vida cristã.
- A Palavra de Deus ocupa lugar central e é a grande fonte dos encontros catequéticos.
- Leva em conta o desenvolvimento da experiência de fé do catequizando em cada faixa etária.
- Proporciona um processo interativo onde o catequizando faz o caminho, nos passos de Jesus. O catequizando é, então, sujeito do processo iniciático.
- Inicia o catequizando na vivência celebrativa da fé. Gradativamente o catequizando vai descobrindo o amor de Deus em sua vida, aprendendo a se relacionar intimamente com Ele e a celebrar a sua fé em comunidade.
- A criatividade, o clima de alegria, de participação, oração e celebração marcam os encontros catequéticos que são propostos.
- Leva a descoberta da vida em comunidade e o engajamento em ações concretas.
- Proporciona a experiência de fé, de confiança no Deus que está conosco nos caminhos da vida.
- Propõe o envolvimento das famílias durante todo o caminho catequético.
- Leva a um compromisso com a transformação da realidade.

2. O encontro de catequese

A catequese é o lugar de encontro do catequizando com ele mesmo, com Deus, com a comunidade cristã e com o próprio grupo de amigos. A coleção propõe o desenvolvimento do encontro com os seguintes elementos:

Objetivos do encontro	Material necessário	Preparação do ambiente
O que se deseja proporcionar com o conteúdo do encontro.	Indicação de materiais, dinâmicas, músicas, vídeos, filme.	Orientação sobre como organizar o espaço do encontro.

OLHAR A NOSSA VIDA

Propõe uma reflexão que desencadeia o levantamento das experiências do grupo a respeito do assunto a ser conversado. É o momento do VER e acolher a vida do catequizando. O catequista provoca a conversa, tira do grupo o que pensa, vive ou viveu o que sabe a respeito do tema proposto para o encontro. Isso pode ser feito de diversas maneiras, através de dinâmicas, trabalho em grupo e outros. Se não levarmos em conta a experiência do catequizando, a mensagem cristã não os atinge, nem é assimilada.

ILUMINAR A NOSSA VIDA

Busca-se discernir e compreender a vida à luz da Palavra de Deus. É o momento de realizar o confronto entre a experiência constatada e vivida com a mensagem cristã. É o momento do aprofundamento do conteúdo da mensagem cristã, do tema do encontro.

NOSSO COMPROMISSO

O grupo de catequizandos, com a ajuda do catequista, verifica o que precisa mudar no jeito de ser, de pensar, de agir, a partir do que foi refletido no encontro catequético, à luz da Palavra de Deus. Será possível assumir compromissos de mudança de acordo com a faixa etária. É o passo concreto para colaborar na mudança da realidade. A catequese é, sobretudo, uma Vivência. A mensagem cristã que ela anuncia é para ser vivida.

CELEBRAR O NOSSO ENCONTRO

É o tempo do diálogo com Deus, de celebrar a vida e a fé: o que o grupo e cada um dos catequizandos têm a dizer a Deus a partir do que está vivendo e do que descobriu e refletiu no encontro. O grupo será mobilizado a ter atitudes de agradecimento, perdão, louvor, silêncio. São sugeridos o uso de símbolos, gestos e bênçãos.

NO LIVRO DO CATEQUIZANDO

O livro do catequizando propõe atividades que ajudam a aprofundar o conteúdo do encontro. O catequista verifica o que poderá ser feito durante o encontro e/ou em casa. Mas, precisará acompanhar o que for sendo realizado pelo catequizando.

NA NOSSA FAMÍLIA

Motiva o envolvimento da família nas descobertas e reflexões propostas no encontro catequético.

OS ANEXOS

Os anexos abordam temáticas complementares ao conteúdo proposto pelo itinerário de cada livro. Optou-se por apresentá-las como anexos, para que cada catequista as inclua no tempo adequado, adaptando-as de acordo com a realidade local.

AS CELEBRAÇÕES

Além de o encontro catequético conduzir ao momento orante e celebrativo, o itinerário proposto em cada livro da coleção levará o catequizando a celebrar cada passo dado no caminho. Cada celebração também se encontra no livro do catequizando para facilitar a preparação o seu envolvimento.

> **Algumas "dicas" importantes**
>
> - A Coleção Deus Conosco é um instrumento para o processo catequético de Iniciação à Vida Cristã. Cabe a cada catequista adaptar as propostas dos encontros à sua realidade.
>
> - É preciso sempre insistir num jeito (método) participativo, provocando o envolvimento dos catequizandos e o gosto pelo diálogo. Saber conduzir a conversa, o diálogo é fundamental num encontro. O segredo do encontro é o diálogo. É saber lidar com os sonhos, as dores, as alegrias, os vazios, as esperanças e as decepções de cada um. Num verdadeiro encontro não há perdedores e nem vencedores, mas a delicada arte da participação, do envolvimento. O catequista é a pessoa que provoca a "revelação" de cada um.
>
> - O ritmo de caminhada do grupo de catequizandos precisa ser respeitado. Portanto, se ocorrer de terminar o tempo de encontro, por exemplo, no momento de "iluminar o nosso encontro", aprofundam-se os passos seguintes na próxima semana. Não pode haver pressa em passar para o próximo momento do encontro ou conteúdo do livro.

➤ O como apresentar o conteúdo, também é conteúdo. Tudo é importante: a acolhida, a maneira com que provocamos a participação, acolhemos as opiniões diferentes, corrigimos os desvios, rezamos etc.

➤ O catequista é testemunho de amor na vida de cada um dos catequizandos. Por isso, evita brincadeiras e músicas que "infantilizam", ridicularizam ou provocam competição. Trata a cada um com igualdade, não se considera superior a ninguém. Acolhe a todos com muito carinho e amor.

➤ O Encontro catequético precisa ser preparado pelo catequista com antecedência. Desafiados pela cultura atual, os encontros propostos nos livros da coleção apresentam, pelo menos, três cuidados:

  ↪ A música está presente em todos os encontros.

  ↪ O encontro proposto conduzirá a "produção" de reflexão, de debates, de painéis etc. Considera-se o catequizando como alguém capaz de gerar novo jeito de ser e viver.

  ↪ O uso de vídeos, gravuras, filmes e pinturas é sugerido, pois a cultura atual é a da imagem.

❗ Recursos utilizados nos encontros

Os encontros propõem o uso de recursos atuais que ajudam o processo de iniciação, como filmes, músicas religiosas, música popular brasileira, poemas, fotos, gravuras, pinturas, cartazes, encenações e outros. O catequista, na medida do possível, providencia o que for pedido e faça as adaptações necessárias à realidade. Isto será importante para a dinamização dos passos do encontro. Tudo isso misturado com muito amor, amizade, paciência e sabedoria.

> **❗ Sobre a linguagem**
>
> Optamos por uma linguagem mais existencial, direta e objetiva, que traga sentido para a vida. A escrita de cada encontro já é a narrativa do diálogo do catequista com o grupo de catequizandos. Necessitando, evidentemente, das adaptações à realidade de cada comunidade e catequizandos.

O maior desejo é que esse itinerário proposto pela **Coleção Deus Conosco** provoque a vivência do amor e, assim, promova o encontro com aquele que é a verdadeira Alegria da nossa vida, Deus mesmo. Diz a Primeira Carta de São João: *"Caríssimos, amemo-nos uns aos outros, porque o amor vem de Deus e todo aquele que ama nasceu de Deus e conhece Deus. Quem não ama não chegou a conhecer Deus, pois Deus é amor"* (1Jo 4,7-8).

O caminho é Jesus Cristo. Foi Jesus quem nos revelou o amor de Deus. Crer em Jesus, o enviado do Pai, e viver o amor entre nós é já experimentar vida plena e feliz. A verdadeira vida brota do amor e é "eterna". Amar é viver e fazer viver.

Todo esforço e empenho empreendido no itinerário catequético vale a pena pela alegria de ver alguém "que nasceu de novo", que se apaixonou por Jesus Cristo e sua proposta e aprendeu a ver o mundo com outro olhar.

Com desejos de alegria na missão, receba nosso abraço,

Os autores.

1 VAMOS NOS CONHECER?

Ame o seu amigo e lhe seja fiel. (Eclo 27,17a)

Objetivos do encontro

- Promover o conhecimento mútuo.
- Constatar que um amigo é um bem precioso.

Este encontro motivará o catequizando a querer iniciar ou fortalecer a amizade com os amigos da catequese. Sentir-se muito bem acolhido será fundamental.

Material necessário

- Fazer com papel *Kraft* uma faixa com o versículo: "Ame o seu amigo e lhe seja fiel" (Eclo 27,17a).

- Providenciar a letra ou a música "A amizade é um bem" ou "Boas-vindas" (CD *Vamos animar e celebrar* – Grupo Musical Ir. Tecla Merlo) e, também, a música "Obrigado" (CD *Sementinha* 4 – Paulinas Comep). Se não for possível projetar no datashow, escrever a letra num cartaz de papel kraft ou fazer cópias para todos.

Preparação do ambiente

- Arrumar uma mesa com a Bíblia aberta no versículo "Ame o seu amigo e lhe seja fiel" (Eclo 27,17a), flores e uma vela que ficará acesa durante todo o encontro.

- Organizar as cadeiras em círculo.

- Receber os catequizandos na porta, cumprimentando cada um com um abraço.

⭐ **Olhar a nossa vida**

➤ O(a) catequista se apresenta dizendo seu nome e o que mais gosta de fazer.

➤ Convidar os catequizandos a se apresentarem da seguinte maneira: pedir para cada um ir ao centro do círculo, aqueles cujo nome comece com a mesma letra, por exemplo, letra C. E, assim, continuar chamando aqueles cujos nomes têm a mesma inicial. Cada um se apresenta dizendo o nome e o que mais gosta de fazer.

➤ A cada grupo que se apresentar, cantar:

➤ *Seja bem-vindo, olê lê, seja bem-vindo, olá lá, paz e bem pra você que veio participar.*

⭐ **Iluminar a nossa vida**

Somos gente, pessoas, crianças inteligentes, alegres, com vontade de crescer e aprender muitas coisas! O que nos identifica nos faz ser conhecidos? Além do nosso jeito de agir e falar o nosso nome revela quem somos, não é? Mesmo aqueles que possuem o primeiro nome igual, são diferentes uns dos outros. O sobrenome identifica a nossa família, nos diz de quem somos filhos e isso ajuda as pessoas a serem diferenciadas daquelas que têm o mesmo nome.

Gente sabe ser amigo, brincar, estudar, trabalhar e rezar junto, numa alegria só! Gente sabe acolher, respeitar as pessoas. "Ame o seu amigo e lhe seja fiel" (Eclo 27,17a). (Mostrar a faixa e pedir que a leiam.) O que podemos entender desta frase? (Ouvir.) Alguém pode dizer o que é ser amigo? (Ouvir e completar.) E ser amigo fiel, o que é? (Ouvir e completar.) Quem sabe ser fiel a seus amigos? (Ouvir e completar.) É fácil ou difícil ser amigo fiel? (Ouvir e completar.)

> Ser amigo fiel é ser sincero, verdadeiro; é cumprir as promessas que se faz aos amigos; é ser capaz de defender e proteger o amigo; capaz de guardar os segredos que os amigos lhe confiam. Ser amigo fiel exige que sejamos confiáveis. Amigo fiel não vira as costas, não abandona seus amigos. É ser amigo sem interesses, sem obter vantagens pessoais. Vocês sabiam que Deus é amigo fiel do seu povo? Jesus, seu filho, também é amigo fiel. Você tem amigos?

Na catequese somos chamados a ser amigos. Todos somos importantes e merecemos amizade e respeito.

Música: "A amizade é um bem" ou "Boas-vindas" (CD *Vamos animar e celebrar* – Grupo Musical Ir. Tecla Merlo).

⭐ Nosso compromisso

Estamos iniciando a nossa catequese. Alguns de vocês já se conhecem. Outros estão se conhecendo hoje. Vamos aprender a conviver bem juntos e nos tornar grandes amigos. Para que isso aconteça precisamos:

- Agir com respeito uns com os outros;
- Cuidar uns dos outros.

O que mais precisa ser feito para sermos grandes amigos? (Ouvir.)

⭐ Celebrar o nosso encontro

Agora, cada um vai escolher um colega, um de cada vez, dar um abraço e dizer: "Quero ser teu amigo(a). Deus te abençoe e te guarde"! E ele responderá: "Amém"!

Ao final, cantar a música "Obrigado" (CD *Sementinha* 4 – Paulinas Comep).

⭐ No livro do catequizando

- Apresentar em seguida a atividade do tema 1 do livro do catequizando que poderá ser feita em casa.

⭐ Na nossa família

- Peça a alguém da sua família para contar sobre o dia do seu nascimento. Quais foram as emoções do dia (aperto, alegria, correria...) Quais amigos ficaram sabendo primeiro?)
- Pedir à mamãe ou ao papai para escrever seu nome com letra bem bonita (numa folha em branco) e trazer para o próximo encontro.
- Preencher o quadro do primeiro encontro do livro, apresentando seu melhor amigo ou amiga.

2 CELEBRAÇÃO DE ACOLHIDA: JESUS É NOSSO AMIGO

Vocês são meus amigos, disse Jesus. (Jo 15,14a)

Objetivo da Celebração

- Reconhecer a catequese como lugar de fazer amigos e descobrir o melhor amigo: Jesus.

Material necessário

- Fazer uma árvore da amizade. Esta árvore pode ser de um galho qualquer, sem folhas, ou pode ser de papel, colocada ao lado da mesa ornamentada. As folhas terão os nomes dos novos amigos (os catequizandos e catequista).

- Levar folhas em branco, pois alguém pode ter esquecido a tarefa proposta no livro do catequizando: escrever o nome numa folha.

- Levar uma cruz pequena para cada catequizando. A cruz pode ser feita de papel colorido (se for de papel, que seja bem-feita, bonita, com a frase *"Jesus é meu amigo"* e que caiba dentro de uma Bíblia) ou um marca página em forma de cruz.

- Preparar a letra da música "Como é bom nos encontrar" (CD *Sementinha* – Paulinas Comep, faixa 13, em um cartaz.

Preparação do ambiente

- Organizar uma mesa com flores, um crucifixo, a Bíblia aberta e uma vela acesa.

- Ao redor da mesa fazer um semicírculo com as cadeiras.

 **Acolhida**

Catequista: Vamos celebrar o nosso encontro como um novo grupo de amigos. Para isso, vamos construir a nossa ÁRVORE DA AMIZADE. As folhas da árvore, com o nome de cada um, vocês trouxeram de casa. Um de cada vez, vai pegar a folha com o seu nome, dizer o porquê da escolha desse nome pelos pais, e colocar num galho da árvore. Para cada um que fizer isto, vamos dar as boas-vindas, cantando.

Música: *Seja bem-vindo, bem-vindo seja, olê lê ôôô. Seja bem-vindo, bem-vindo seja, olê lê aaa. (bis)*

 Aprender com a Palavra

Leitura: Eclo 6,5.14-17; Jo 15,12-17

Catequista: Ter amigos é muito bom. Quanto mais, melhor. "Quem encontrou um amigo, encontrou um tesouro" (Eclo 6,14b). O tesouro é a amizade, firme e fiel. Alguém com quem podemos contar sempre para nos apoiar nos momentos de dor e com quem podemos viver momentos alegres.

Todos: Como é bom ter amigos!

Catequista: Não há nada mais valioso que um amigo verdadeiro, ele não tem preço. Nós temos um amigo comum que ama a todos nós: Jesus. Jesus demonstrou seu amor, defendendo o direito das pessoas, agindo com justiça e misericórdia, sendo amigo verdadeiro. Jesus mostrava respeito por todos. Quem o procurava era recebido com carinho e atenção. Era alguém em quem podíamos confiar. Ele sempre espera que nos amemos uns aos outros como Ele nos ama.

Todos: Jesus é nosso amigo mais querido!

Catequista: Jesus nos chama de amigos! Ele disse que não fomos nós que o escolhemos como amigo; foi Ele que nos escolheu primeiro. Foi Ele quem nos amou primeiro e nos falou do seu Pai, que é Deus. Contou-nos os segredos para construir o Reino que seu Pai pediu.

Todos: Jesus é nosso amigo mais querido!

Catequista: Jesus é um amigo com quem podemos contar sempre. Ele deu a vida por nós, pelo nosso bem. É um amigo verdadeiro e fiel. A cruz é o sinal que nos ajuda a lembrar do nosso amigo Jesus.

 **Entrega da Cruz**

Catequista: Vocês vão receber uma cruz, sinal da amizade com Jesus. Cada um, ao receber a cruz, vai colocá-la sobre o coração e vai dizer: "Quero ser sempre amigo de Jesus!"

Catequista (olhando para o catequizando): Que Jesus nos ensine a ser amigos sinceros e verdadeiros.

Catequizando: Amém!

Catequista: Como é bom ter amigos! Como é bom nos encontrar com eles! Cada encontro traz abraço, sorriso, brincadeiras e muita alegria. Vamos aprender e cantar uma música que fala disso.

Música: Preparar a letra da música "Como é bom nos encontrar" (CD *Sementinha 4* – Paulinas Comep, faixa 13), em um cartaz.

Abraço da paz

 No livro do Catequizando

- Orientar os catequizandos para fazerem, em casa, a cruz em mosaico. Escolher em revistas velhas, qualquer papel colorido e picar em pequenos pedaços sem usar tesoura. Em seguida, colar os pedaços bem juntinhos, no espaço da cruz.

Na nossa Família

- Pedir aos seus pais ou alguém da família para ajudar a fazer a tarefa do livro.

3 RESPONDENDO AO CHAMADO

O Senhor me chamou desde o seio materno. (Is 49,1b)

Objetivos do encontro

- Reconhecer que participar da catequese também é responder a um chamado.
- Perceber que Deus nos chama e nos conhece pelo nome.

Os catequizandos precisam perceber que o primeiro chamado que Deus nos fez foi para viver, ser gente. E aí, Ele não parou mais. Está sempre nos chamando para alguma coisa. Foi Ele quem chamou cada um para participar da catequese.

Material necessário

- Preparar uma faixa em papel kraft com uma frase de boas-vindas e o versículo: "O Senhor me chamou desde o seio materno" (Is 49,1b).
- Fazer um cartão de boas-vindas para cada catequizando. No cartão pode ter uma frase como: "*Você foi chamado para viver na amizade com Deus... Seja bem-vindo(a)*".
- Providenciar a música "Fui chamado a viver" (CD *Sementinha 4* – Paulinas Comep, faixa 10) ou outro canto sobre o chamado. Colocar a letra num cartaz para que todos possam seguir.

Preparação do ambiente

- Organizar os catequizandos em círculo, colocando no centro, no chão, uma toalha bonita e, sobre ela, flores, a Bíblia e uma vela.
- Acolher carinhosamente cada catequizando que chega.

Olhar a nossa vida

Na nossa vida recebemos diversos chamados, não é mesmo? Mas respondemos sim a todos? Quais os chamados que vocês atendem prontamente? (Ouvir e ajudar a perceber que cada um também foi chamado a estudar, brincar, passear. Questionar os motivos pelos quais aceitam ou não os convites.)

Estou muito feliz porque vocês atenderam ao chamado da catequese. Como você soube que poderia participar da catequese? Seus pais pediram para você participar ou foi você quem decidiu? Um coleguinha convidou? (Ouvir.) Que bom que vocês estão aqui!

 Iluminar a nossa vida

Deus, nosso Pai, sempre nos chama e nos acolhe com carinho. "O Senhor me chamou desde o seio materno" (Is 49,1b). Deus nos conhece e nos ama desde quando estávamos sendo formados, crescendo na barriga da nossa mãe. Ele nos conhece pelo nome. Deus conhece você, Maria (citar, devagar, o nome de cada um do grupo).

O primeiro chamado que Ele nos fez foi para viver, ser gente. E aí, Ele não parou mais. Está sempre nos chamando para alguma coisa. Foi Ele quem chamou vocês para participar da catequese. Ele chama através das pessoas: dos seus pais, dos amigos, o padre. Vocês atenderam ao chamado. Por isso, estão aqui onde conhecerão mais sobre Ele.

 Nosso compromisso

Nos nossos encontros semanais, vamos conhecer, amar e conversar com Deus e descobrir o que Ele quer de nós. Vamos crescer na amizade, uns com os outros e com Deus. Cada encontro da catequese vai nos ajudar a sermos amigos verdadeiros de Deus e de seu filho Jesus. Por isso, vamos nos esforçar para vir todas as semanas, sem faltar! Vocês aceitam fazer este trato comigo e com Deus? Cantemos, dizendo por que queremos estar aqui.

Música: "Fui chamado a viver" (CD *Sementinha 4* – Paulinas Comep, faixa 10) ou outro canto que fale de chamado.

Após cantar, explorar a letra da música conversando sobre a vida ser um dom, sermos chamados a viver e a crescer com amor, motivando o grupo a dar exemplos.

 Celebrar o nosso encontro

Vou chamar cada um de vocês para entregar-lhes um cartão. Ao ouvir seu nome, você vai se levantar, receber o cartão e dizer: "Eis-me aqui, Senhor, eu quero te conhecer"!

Agradecidos por Deus ter nos chamado a participar da catequese, vamos pedir a Ele que nos acompanhe e nos anime a perseverar nos encontros. (Deixar um breve momento de silêncio.)

Ao redor da Palavra de Deus. Repitam comigo:

> *"Querido Deus, nós te agradecemos pelo chamado a participar da catequese. Queremos te conhecer mais e mais. Fica conosco e nos acompanhe a cada passo que dermos no caminho da catequese. Que nossos olhos possam ver o seu imenso amor. Amém."*

Motivar o grupo para o abraço de paz e amizade.

 No livro do catequizando

↪ Orientar as atividades.

 Na nossa família

↪ Quem tiver celular, trazer para o próximo encontro.

4 NOSSO MUNDO, PRESENTE DE DEUS

Deus viu tudo quanto havia feito e achou que era muito bom. (Gn 1,31a)

Objetivo do encontro

- Aprender a admirar a Criação.

Ao término desse encontro, o catequizando deverá demonstrar agradecimento a Deus pelo presente maravilhoso que Ele nos oferece diariamente: o nosso mundo.

Este encontro será dividido em dois por causa da pequena excursão. Teremos as partes: Preparação do ambiente, Olhar a nossa vida e Celebrar o nosso encontro (uma pequena celebração). Os outros passos serão no encontro seguinte.

Material necessário

- Papel Kraft com o título "Um retrato do nosso mundo", no tamanho que permita os catequizandos realizarem um desenho em grupo e outro papel kraft para colocar a massinha já modelada em cima.

- Massinha para modelar coisas que Deus criou.

    Receita da massinha: 2 copos de farinha de trigo, meio copo de água, uma colher de sopa de óleo de cozinha, alguma tinta colorida (anil, corante ou tinta de papel crepom). Amassar e sovar bem. Acerte o ponto!

Preparar a excursão

- Preparar uma excursão breve, perto do local da catequese (uma pracinha, por exemplo) onde os catequizandos possam observar o céu, as plantas, os animais, os insetos, a água, as plantas, as flores, o sol, os elementos da natureza.

- Dizer que a máquina fotográfica será o olho de cada um. Quando a gente vê uma imagem, nossos olhos como que tiram uma foto, que fica guardada na nossa memória e, muitas vezes, no nosso coração.

- Pedir que observem a natureza como se estivessem tirando fotos das coisas que mais gostarem: animais, passarinhos, borboletas, joaninhas, formigas etc. Observem o céu e as plantas, as flores, as árvores, tudo o que lhes chamar a atenção e guardem na memória estas imagens. Mostrem uns para os outros, chamem a atenção dos companheiros para cada coisa que gostarem.

- Se o catequizando tiver celular, pedir para tirar foto do que mais achou bonito na natureza.

Preparação do ambiente

- Deixar o ambiente organizado para dois grupos de trabalho, antes da breve excursão. Colocar as cadeiras em círculo e no centro da sala colocar um papel kraft para cada grupinho.
- Em uma mesa colocar uma toalha, arrumar a Bíblia, vela e flores.

⭐ Olhar a nossa vida

Vamos fazer uma pequena excursão para observar e fotografar as coisas que Deus criou, tudo o que pudermos ver e admirar. O importante é observar bem todas as coisas, ficar sempre juntos, vendo o que cada um vai descobrindo. Vamos recolher pedrinhas interessantes, folhas secas bonitas, sementes etc. (Sair para a excursão.)

De volta ao local do encontro, o catequista divide os catequizandos em dois grupos:

- Para o primeiro grupo – um papel kraft com o título "Um retrato do nosso mundo", para que os catequizandos desenhem o que viram durante a excursão.
- Para o segundo grupo – distribuir massinhas, para que modelem coisas que Deus criou e coloquem em cima do outro papel kraft.
- Deixar tempo para a atividade. Ao final pedir para observarem o trabalho realizado. Em seguida cada grupo apresenta o que fez.

"Deus viu tudo quanto havia feito e achou que era muito bom" (Gn 1,31a). Ele criou um mundo maravilhoso e muito bonito e sente alegria ao ver o mundo que criou. Deus nos deu o mundo de presente. A terra é nossa casa comum! A natureza é sinal do imenso amor de Deus por nós. Precisamos estar atentos para perceber a beleza em toda parte. Deus conta conosco para preservar e cuidar desse presente que é o nosso mundo.

⭐ Celebrar o nosso encontro

O nosso Deus é muito bom e nos ama muito. Vamos agradecer pelas coisas tão lindas que Ele criou para nós. Vamos fazer da seguinte forma: cada um vai escolher uma coisa criada e todos vão rezar juntos "Obrigado Senhor". Exemplo: Pela chuva, que traz vida... Obrigado, Senhor!

Rezemos juntos (a oração também se encontra no livro do catequizando):

> *Querido Deus, sei que estais presente em todo o universo e também numa pequenina criatura. Sei também que tua ternura envolve tudo o que existe. Derrame em nós a força do vosso amor para que possamos cuidar da vida e da beleza de tudo o que existe. Obrigada porque estais conosco todos os dias de nossa vida. Amém!*

⭐ No livro do catequizando

→ Fazer as atividades em casa.

→ Orientar o catequizando a rezar todos os dias a oração proposta.

5 NOSSO MUNDO É LINDO DEMAIS!

Deus é bom e nos deu um mundo lindo para viver e cuidar. (Gn 2,15)

Objetivos do encontro

- Sensibilizar para o cuidado e respeito pela natureza.
- Descobrir-se presente de Deus para os outros.

Ao final deste encontro o catequizando deverá se sentir responsável e comprometido com o cuidado com a nossa casa comum e descobrir-se presente de Deus para os outros.

Material necessário

- Reunir tudo o que foi produzido no encontro anterior para ser usado na decoração do ambiente deste encontro (desenhos, cartaz, modelagens, sementes e folhas secas recolhidas na pequena excursão).

- Selecionar gravuras de coisas criadas por Deus (árvores, frutas, flores, animais, água, sol, pessoas etc.) para o momento da celebração.

- Música "*Filhote do Filhote*" (CD *Carrossel* - Volume 2 (2012), faixa 6). Pode ser encontrada na internet. Providenciar a letra da música para todos.

Preparação do ambiente

- Colocar no centro da sala tudo o que foi produzido no encontro anterior (desenhos, cartaz, modelagens, sementes e folhas secas recolhidas na pequena excursão).

- Colocar em destaque numa mesa a Bíblia, flores e uma vela acesa.

Olhar a nossa vida

No encontro passado, fizemos uma pequena excursão para observar, com carinho e admiração, este mundo lindo que Deus criou. Para quem Deus criou toda esta maravilha? (Ouvir.) De que vocês mais gostaram? Percebemos a beleza das coisas criadas, que ninguém é capaz de fazer igual.

Vamos observar o que fizemos na nossa excursão. Olhem o retrato grande que vocês fizeram do mundo e também daquilo que inventaram com a massinha. Gostaram de criar, inventar alguma coisa? (Ouvir.)

 Iluminar a nossa vida

A Bíblia conta para nós que este mundo tão bonito, tão bem-feito, é um presente de Deus para nós. Deus sempre existiu, Ele não foi criado. Mas, foi Ele quem criou este universo imenso em que habitamos junto com outros seres humanos. Quando nascemos, já encontramos este mundo pronto para a gente crescer e viver feliz. O papa Bento XVI disse em 2005, numa de suas homilias: "Cada um de nós é o fruto de um pensamento de Deus. Cada um de nós é querido, cada um de nós é amado, cada um é necessário".

Só Deus, inteligente e bondoso, poderia inventar e conservar a natureza tão bonita e variada. Também somos presentes de Deus, uns para os outros. Como podemos ser um presente para as outras pessoas? (Ouvir e completar.) Somos um presente para a mamãe e o papai.

E para nossos amigos? Somos presentes de Deus? Eles também são presentes para nós? Como? (Ouvir e completar.) O nosso sorriso, a nossa alegria, a nossa gentileza, o nosso carinho sempre serão presentes para quem se aproxima de nós. O que mais podemos oferecer de nós para os outros? (Ouvir e completar.) Um abraço é um presente? Claro. Um abraço é um presente recíproco: damos e recebemos ao mesmo tempo.

A Bíblia diz, ainda, que Deus nos criou e nos colocou neste mundo para que cuidássemos dele: "Deus é bom e nos deu um mundo lindo para viver e cuidar" (Gn 2,15). Um presente tão extraordinário, oferecido com tanto amor, não pode ser estragado, deve ser cuidado com carinho. Tudo e todos são presentes de Deus e devem ser preservados. Por isso, Deus quer que cuidemos da nossa casa comum (a terra e tudo nela criado) e uns dos outros.

Vamos ouvir uma música, prestando muita atenção, para escolher a parte que cada um mais gostar. Se souber cantar, cante junto.

Música: "*Filhote do Filhote*" (CD *Carrossel* - Volume 2 (2012), faixa 6). (Os catequizandos deverão ouvir, seguindo a letra da música. Depois pedir que cada um escolha a parte que mais gostou e dizer o porquê.)

 Nosso compromisso

Será que o nosso mundo, a natureza toda, a água, as matas, o céu, o mar, os homens... tudo continua bonito e organizado como recebemos de Deus? Conservamos e respeitamos todos os seres, todas as coisas para que todos tenham uma vida melhor e feliz? O que tem acontecido com os rios, as matas, os alimentos, os bichos?

- O que tem acontecido com as pessoas? (Ouvir o que as crianças já possuem de sensibilidade crítica e ecológica.)
- Qual atitude vamos assumir a partir do que aprendemos?

 Celebrar o nosso encontro

Espalhar ao redor da Bíblia e da vela acesa as imagens que mostram a criação de Deus (árvores, frutas, flores, animais, água, sol, pessoas, planetas).

Vamos ficar em pé ao redor da Palavra de Deus. Pedindo a Deus pelo nosso mundo, rezemos:

(A oração se encontra também no livro do catequizando.)

Todos: **Senhor Deus, ajuda-nos a proteger e defender a vida!**

Catequista: Senhor Deus da vida, enche nosso coração do desejo de ser a cada dia presente de amizade, acolhida e carinho na vida das pessoas.

Todos: **Senhor Deus, ajuda-nos a proteger e defender a vida!**

Catequista: Dá-nos a alegria que enche o coração e a vida inteira. Não permitas, Senhor, que nossa vida fique fechada em nosso próprio interesse, não deixando espaço para as pessoas.

Todos: **Senhor Deus, ajuda-nos a proteger e defender a vida!**

Catequista: Inspira-nos, Senhor, a cada dia, a olhar e contemplar as belezas que criastes e enche-nos do desejo de cuidar da terra, nossa casa comum, este mundo tão bonito.

Todos: **Senhor Deus, ajuda-nos a proteger e defender a vida!**

No caminho para casa vamos observar as plantas, as folhas, as flores, as pessoas. E agradeçamos a Deus!

⭐ No livro do catequizando

- Orientar as atividades do livro.

⭐ Na nossa família

- Perguntar a seus pais e avós se o mundo de quando eles eram crianças é igual ao de hoje.

DEUS CRIOU A LUZ! VIVA A LUZ!

Deus disse: Façam-se luzeiros no céu, para separar o dia da noite. (Gn 1,14)

Objetivos do encontro

- Entender a importância da luz em nossa vida e que existem diferentes fontes de luz.
- Perceber que Deus é a luz, o sol da nossa vida.

Ao final do encontro, o catequizando deverá descobrir o quanto a luz é importante em nossa vida; que sem ela a vida no nosso planeta não seria possível: não haveria plantas, os ventos, os rios, as cores, enfim, nenhuma forma de *vida*. Por analogia, mostrar que nosso Deus é o Deus da Vida, assim Ele é o nosso Sol, a nossa Luz.

Material necessário

- Uma imagem bonita do sol, uma imagem das estrelas à noite e a imagem de um farol, iluminando o mar.
- Uma vela para cada catequizando e para a catequista, que será acesa na celebração. Colocar uma proteção em cada uma para não pingar a cera no chão ou na mão. Sugestão: furar um copinho descartável de café e colocar a vela no buraco.
- Dependendo do local do encontro, será possível escurecer o ambiente.
- Giz de cera ou lápis de cor para colorir os desenhos do livro do catequizando.
- Providenciar a música "Lá vem o sol" (Eliana) que se encontra na internet. Copiar a letra numa folha de papel kraft ou fazer cópias para todos.

Preparação do ambiente

- Mesa com a Bíblia aberta, vela acesa, flores, o lampião e a lanterna. Colar, com fita crepe, as imagens à frente da mesa.

- Dispor as cadeiras em círculo, em torno da mesa ornamentada.

- Se possível, realizar este encontro em dia de sol com uma observação do sol e dos seus efeitos sobre a natureza e os catequizandos.

- Acolher os catequizandos, individualmente, à medida que forem chegando.

⭐ Olhar a nossa vida

Convidar os catequizandos para sair do ambiente do encontro e, onde for possível, observar o sol. A gente vê todo dia e nem se dá conta! (Dar tempo para observar o sol). Ao retornar para o local do encontro, perguntar: "Você gosta do sol? Por quê?"

Em seguida, contar a história:

SOL ZANGADO

Fausta Maria Miranda

O sol gostava muito de iluminar a terra. Gostava de entrar em cada buraquinho que encontrava, de descobrir o segredo de cada uma das criaturas de Deus. Entrava na casa das pessoas, na toca dos animais, por entre as folhas das árvores da floresta, nas águas dos riachos, do mar, iluminando tudo. A sua luz e o seu calor traziam cor e vida à terra. Todos amavam o sol e o bem que ele fazia.

Mas, havia um homem, muito mal-humorado, que vivia reclamando de tudo, inclusive do sol. Num momento dizia que o sol estava muito quente, queimando a sua pele, queimando a sua plantação. Em outro, que estava muito claro, obrigando-o a andar de olhos quase fechados. E o sol foi ficando muito irritado com aquele homem.

Um dia, muito zangado, resolveu parar de iluminar a terra e escondeu-se atrás da lua. Ficou lá, quietinho, enquanto que a terra ficou na mais completa escuridão. A terra se transformou em noite sem dia. Tudo perdeu a cor e ficou cinza, porque sem luz, não vemos as cores. Sem luz, a plantas vão ficando fraquinhas e perdem o verde. Sem luz, as abelhinhas não podem voar e fecundar as flores. Sem luz, as pessoas vão ficando pálidas e os ossos vão enfraquecendo. Tudo vai ficando triste. A terra vai perdendo a vida.

E o sol? Ainda bem que sua raiva acabou. Ficou com saudade da terra. Ficou com saudade de participar da vida das pessoas. Queria voltar a conhecer cada cantinho da terra, cada segredo das pessoas e dos animais. Queria participar da agitação da vida em todo o planeta.

Então, foi saindo, devagarinho, por detrás da lua, até sua luz iluminar toda a terra. Assim, o sol e as cores voltaram, trazendo a alegria e o riso de volta. O sol escolheu seus melhores raios para fazer a vida germinar na terra novamente.

E o homem mal-humorado? Aprendeu a lição e parou de reclamar de tudo.

O sol é uma estrela. Existem muitas outras estrelas em nosso sistema solar, mas o sol é a estrela que está mais perto da terra, por isso, sentimos sua luz e calor. O sol é importante para nós? Por quê? (Ouvir.) Como ouvimos na história, o sol é necessário à vida dos seres vivos. Sem ele, não haveria as plantas, os ventos, os rios, as cores, enfim, nenhuma forma de *vida*. O sol aparece todos os dias e, mesmo que haja nuvens, a sua luz clareia o mundo. É ele, também, que ilumina a lua à noite. O sol é uma fonte de luz natural. Ele ajuda a gente a ter mais saúde, aproveitando as vitaminas dos alimentos. As plantas precisam da luz e do calor do sol para crescer, dar suas flores e frutos. Sol é fonte de vida.

Mas o sol só faz bem? (Ouvir.) Depende. Se abusarmos da sua luz e do seu calor, podemos ficar doentes e até morrer. Entretanto, não é o sol que faz mal, e sim como usamos da sua luz e o do seu calor. Mas, tem gente que gosta mesmo é de reclamar, como na história, não é? Reclamam do sol quente, da chuva, da falta de chuva, do calor, do frio, de tudo, não é? Não se sentem felizes com nada. Vocês conhecem alguém assim? (Ouvir.) Como nos sentimos perto de pessoas que reclamam de tudo? (Ouvir.) E você, como é? Como lida com as situações que te incomodam? Reclama muito? (Ouvir.)

É preciso saber controlar o humor diante das situações que não nos agradam, de pensar antes de falar, de buscar não gerar desconforto para os pais e amigos. Assim como sol, precisamos ser luz na vida das pessoas, reconhecendo e revelando o que há de bom nelas. Para isso é preciso aprender a lidar com as dificuldades, com o que não nos agrada, reconhecendo sempre que cada coisa tem seu valor, sua importância, seja para mim ou para o meu próximo.

Precisamos aprender a reclamar menos e agradecer mais. Vamos cantar, agradecendo a Deus por este mundo bonito que Ele nos deu.

Música: "*Lá vem o sol*" (Eliana)

 Iluminar a nossa vida

No livro da Bíblia está escrito que Deus criou o sol, a lua e as estrelas. Deus disse: "Façam-se luzeiros no céu, para separar o dia da noite" (Gn 1,14). A luz, então, é mais um presente de Deus, que preparou tudo com muito carinho para nós. Deus está presente na sua criação. Muitas vezes, comparamos a beleza e a bondade de Deus com as coisas por Ele criadas. Por isso, dizemos que Deus é o Sol da nossa vida: seu Amor nos aquece, oferecendo o seu perdão, sem pedir condições, acolhendo sempre. Comparamos Deus com a luz que nos mostra o caminho seguro e afasta toda a escuridão.

Aqui é necessário mostrar uma diferença: Se nos colocarmos muito tempo sob a luz do sol, ele pode nos fazer mal. No entanto, quanto mais nos colocarmos sob a luz de Deus, mais felizes e saudáveis seremos.

 Nosso compromisso

Vamos lembrar que o sol é mais um presente que Deus nos deu, para termos saúde e alegria. Como é bonito um dia de sol! A história de hoje nos ensinou que, em vez de reclamar de tudo, devemos ser mais agradecidos pelos presentes que Deus, nosso Pai, nos deu. Por isso, proponho um compromisso para nós, a partir de hoje: vamos aprender a agradecer a Deus e às pessoas que nos fazem o bem e nos esforçar para deixar de reclamar das coisas e das pessoas que nos aborrecem, ou seja, vamos, sempre, encontrar um motivo para agradecer.

Celebrar o nosso encontro

Vou acender a minha vela na vela maior. Vou levar a luz para um de vocês. Cada um vai acender a vela de apenas um colega, até que todas as velas estejam acesas. Vamos cantar? (Se os catequizandos não souberem, ensinar primeiro, depois cantar com eles.)

Refrão meditativo: Ó luz do Senhor, que vem sobre a terra, inunda meu ser, permanece em nós. (3x)

Olhando a nossa vela acesa, vamos rezar. Eu falo e vocês repetem.

> *"O Senhor é minha luz e minha salvação (Sl 27,1a). Com a tua luz, não preciso ter medo de nada, pois o Senhor me protege. Eu confio no teu amor. Obrigado, Senhor, por iluminar a minha vida!"*

"Esta oração que fizemos, compara Deus à luz. Nós, também, podemos e devemos ser luz na vida das pessoas. Vamos dizer isso a Deus? Repitam comigo (a oração se encontra no livro do catequizando):

> *"Ó Senhor, eu também quero ser luz na vida das pessoas. Como a luz, quero levar o calor do meu carinho, da minha atenção, do meu amor. Quero ser luz, levando vida, com o meu riso, a minha alegria, a minha bondade e o meu entusiasmo para todos. Amém!"*

(Apagam-se as velas, que serão guardadas para usar em outra celebração e canta-se o refrão novamente).

 No livro do catequizando

↪ Se der tempo, fazer as atividades do livro do catequizando. Se não, orientar para fazer em casa com os pais.

 Na nossa família

↪ Perguntar ao papai onde o sol nasce e se põe no lugar onde moram.

↪ Perguntar à mamãe se gosta do sol e por quê.

↪ Comentar o fato de Deus ser como o sol que ilumina e aquece nossas vidas. Contar, também, como podemos iluminar a vida das pessoas.

7 ÁGUA, FONTE DE VIDA!

Louvem ao Senhor, mares e rios; cantem hinos de glória a Ele para sempre. (Dn 3,78)

Objetivos do encontro

- Aprender a louvar ao Senhor pela água como fonte de vida, expressão de seu amor por nós.
- Reconhecer a importância da água e a necessidade de cuidar dela para preservar o planeta.

Ao terminar este encontro, o catequizando deverá demonstrar sentimentos de admiração e agradecimento a Deus, pelos dons recebidos e a responsabilidade do cuidado com o planeta.

Material necessário

- Uma folha de papel kraft e cola para fazer um painel.
- Gravuras de plantas, flores, animais e pessoas vivas e bonitas; gravuras de plantas e animais mortos, flores murchas, árvores secas.
- Painel dividido no meio, de forma transversal, de acordo com o modelo, contendo o título Água é vida.

- O painel será usado na atividade de colagem em que as gravuras serão organizadas, pelos catequizandos, para mostrar situações de vida e de morte.
- Um copinho descartável, para oferecer um pouco de água a cada catequizando.
- Um pequeno aquário, se possível.
- Um jarro transparente com água ou uma tigela de vidro com água e raminhos verdes para aspersão.
- Selecionar e preparar as músicas: "Olha a água" (letra e música de Tio Marcelo - CD *Turminha do Tio Marcelo*), disponível no youtube em videoclip. Providenciar cópia da letra para todos ou fazer um cartaz com toda a letra.

Preparação do ambiente

- Mesa com a Bíblia aberta, vela acesa, flores e, se possível, um pequeno aquário com peixinhos, um jarro transparente com água e uma tigela de vidro com água sobre a mesa.
- Dispor as cadeiras em círculo, em torno da mesa ornamentada.
- Acolher os catequizandos, individualmente, à medida que forem chegando.

⭐ Olhar a nossa vida

Convidar os catequizandos para separar as gravuras para construir o painel. Deixá-lo no chão, no centro da sala, à vista de todos.

Vamos construir um painel com duas partes: na parte de cima, colar as imagens de coisas vivas e, na parte de baixo, coisas mortas. Comentar porque algumas plantas e animais estão vivos e outros mortos. Explorar sobre a exuberância das plantas e animais que têm abundância de água.

Após a construção do painel, oferecer um copinho com água para cada catequizando. Perguntar: A água tem cheiro? Tem cor? (Ouvir.) Pedir que bebam, e perguntar: A água tem sabor? (Ouvir.) Então, por que algumas vezes dizemos que a água está gostosa? (Ouvir as respostas.) Concluir que achamos a água gostosa porque ela mata a nossa sede, refresca, deixa tudo limpinho. Como é gostoso tomar um banho!

Sem água não existiria vida no nosso planeta. Vocês sabem quantos dias uma pessoa pode viver sem água? (Ouvir.) Segundo pesquisas, uma pessoa saudável pode viver de 3 a 5 dias sem beber água. Onde encontramos a água? (Ouvir e completar.) Além dos rios, mares, cachoeiras e lagos, encontramos água em tudo que tem vida: plantas, frutas, animais e pessoas. Tanto o planeta Terra quanto o nosso corpo possuem 70% de água. Isto quer dizer que mais da metade de nosso corpo e do planeta é formado de água. Por isso, a Terra é chamada de Planeta Água. Podemos concluir que não dá pra viver sem água. Água é vida!

⭐ Iluminar a nossa vida

A Bíblia conta a história de um homem de Deus, chamado Daniel. Ele tinha uma fé tão grande que enfrentava qualquer perigo para mostrar o seu amor a Deus. Uma vez, quando ele e seus companheiros enfrentavam um perigo mortal, ele não teve medo e cantou um hino de louvor a Deus, convidando toda a natureza para acompanhá-lo nesse louvor. Cantou assim: "Louvem ao Senhor, mares e rios; cantem hinos de glória a Ele para sempre" (Dn 3,78). E continuou convidando o sol, a lua, as estrelas, os animais da terra e da água, enfim, toda a criação para louvar ao Senhor.

Será que é possível a natureza louvar a Deus? (Ouvir.) Sim, é possível. Cada coisa cumprindo a finalidade para a qual foi criada louva o seu Criador. O barulho da água do rio, gerando vida em toda a região por onde passa, é um hino de louvor a Deus. O canto do passarinho é som agradável ao ouvido, é um hino de louvor a Deus. Agora, são vocês que vão dar outros exemplos de louvor, que a natureza, ao cumprir sua finalidade, faz a Deus. (Ouvir.) E nós, como podemos louvar a Deus? (Ouvir e completar.) O maior louvor que podemos oferecer a Deus é: amarmos uns aos outros como Ele mesmo nos ama. Isso implica respeitar as pessoas e suas diferenças. O nosso Deus é o Deus da Vida e o amor é a origem da vida.

⭐ Nosso compromisso

Quem é dono da água? (Ouvir.) A vida em nosso planeta é presente de Deus para nós. É importante a gente saber usufruir do mar e dos rios sem prejudicar a pureza das águas, a vida dos peixes e a nossa própria vida. Este presente de Deus, tão lindo, tão importante, está sendo bem cuidado pelo ser humano? O que vocês acham? (Ouvir.)

Todos nós somos donos do mar e dos rios, porque nos foram dados de presente por Deus. Assim, somos responsáveis pelo cuidado com eles. Se poluírmos a água, a vida que existe nela fica prejudicada. As plantas, as aves aquáticas, os peixes, os jacarés e as tartarugas vão desaparecer. Isto vai prejudicar a vida das pessoas também. Precisamos cuidar e proteger as águas e as margens dos rios e mares. O que podemos fazer para cuidar da água? (Ouvir e completar.) São atitudes que ajudam muito a cuidar da água: não deixar torneiras abertas, não tomar banho demorado demais, ao lavar as calçadas saber dosar o uso da água sem desperdício, apagar luzes e eletrônicos, pois grande parte da energia é gerada com o uso de água, não jogar remédios no vaso sanitário e óleo na pia da cozinha, porque são poluentes.

Música: Ouvir a música "Olha a água" (letra e música de Tio Marcelo – CD *Turminha do Tio Marcelo*). Aproveitar a letra para levar o grupo a fazer o compromisso de cuidar da água.

 Celebrar o nosso encontro

(Ao redor da mesa, dando destaque à tigela de vidro com água)

Catequista: (erguer as mãos sobre a água) Bendito sejas, ó Deus criador, que nos ama com tanto carinho e amor. Que tua benção desça sobre estas crianças aqui presentes, para que continuem sendo um sinal da tua bondade e do teu cuidado para com toda a criação, especialmente para com cada ser humano. Pedimos também que esta água, tua criatura, seja abençoada. Ela que sacia nossa sede e é tão importante para a vida. Que a tua presença de Pai e Filho e Espírito Santo venha sobre nós e sobre esta água para que nos proteja e preencha com tua graça. Amém!

Aspergir os catequizandos molhando os raminhos verdes na água.

 No livro do catequizando

- Orientar as atividades.

Na nossa família

- Perguntar ao papai e à mamãe:
  - Como eles fazem para cuidar da água de sua casa.
  - O que eles sentem com a notícia que está faltando água para as pessoas, em alguma cidade.

8 AS MONTANHAS E OS VALES VERDEJANTES

Confie no Senhor para sempre, porque o Senhor é uma rocha eterna. (Is 26,4)

Objetivos do encontro

- Identificar as montanhas e vales, como obras da criação de Deus, importantes para a vida.
- Descobrir que Deus nos acompanha e nos dá segurança e coragem para enfrentar às dificuldades da nossa vida.

Este encontro deverá levar o catequizando a contemplar a beleza de montanhas e vales e a perceber a presença de Deus como fonte de amor e segurança em nossa vida.

Material necessário

- Gravuras de lindas montanhas, algumas mostrando cachoeiras a cair das alturas ou vídeos da internet que mostram montanhas, cachoeiras etc.
- Imagens de vales verdejantes e de alicerce de uma casa.
- Cartaz com a letra da música "A montanha" (Roberto Carlos) ou cópias para cada catequizando. A música pode ser encontrada na internet.
- Providenciar também a música "É a gente que louva o Senhor" (CD *Sementinha* 3, Paulinas Comep).

Preparação do ambiente

- Mesa com a Bíblia aberta, vela acesa, flores e uma pedra sobre a mesa.
- Dispor as cadeiras em círculo, em torno da mesa ornamentada.
- Acolher a todos, individualmente, à medida que forem chegando.

⭐ Olhar a nossa vida

As montanhas são fortes e bonitas. De que são feitas as montanhas? (Ouvir.) Algumas são cultiváveis – podemos plantar, especialmente, o café. Outras montanhas, a maioria, são de pedras e nós as chamamos de rochas, rochedos. Algumas são cheias de riqueza, como o minério, o ouro, o ferro e pedras preciosas. As montanhas são como grandes caixas d'água, pois muitos rios nascem nelas. São pequenas minas que viram um tímido curso de água e logo vira cachoeira e rio. Vocês conhecem alguma cachoeira? Fale sobre ela. (Mostrar as imagens de montanhas e cachoeiras. Deixar passar de mão em mão.)

Já subiram uma montanha, um monte? Como ficou o coração? (Ouvir.) Foi bom conseguir subir lá no alto? (Ouvir as respostas). Quando subimos um monte, uma montanha, o coração fica acelerado pelo cansaço e pelo esforço, não é? Mas, quando chegamos no alto, nos sentimos bem felizes.

As pedras para construir o alicerce de uma casa, geralmente, vêm de montanhas. Para que serve o alicerce? (Ouvir e mostrar uma imagem para exemplificar o que é um alicerce.) O alicerce serve para sustentar as paredes da casa, para que ela não desmorone e caia em cima das pessoas que moram nela. Uma casa forte é aquela que tem um alicerce resistente.

Ao contrário da montanha, o vale é um terreno plano, regado por rios que fertilizam a terra. (Mostrar imagens de vales verdejantes.) É muito bonito ver os vales verdinhos e cultivados. É fácil caminhar no vale. Normalmente as cidades surgem em vales, nas regiões planas, próximas a rios.

⭐ Iluminar a nossa vida

As montanhas e vales são obras da criação de Deus e também precisam ser preservadas. Fazem parte de nossa casa comum, o planeta onde vivemos. Um homem de Deus, de nome Isaías, comparou Deus a uma rocha. Disse assim: "Confie no Senhor para sempre, porque o Senhor é uma rocha eterna" (Is 26,4).

Por que será que Isaías falou isso? (Ouvir.) Nós já conversamos que a rocha é forte, dá segurança e sustenta a casa. E Deus? Dá segurança para nós, seus filhos? (Ouvir.) É claro, não é? Com seu amor, Deus nos dá confiança, segurança e caminha conosco. Não gosta de nos ver ficar tristes e abatidos. Por isso, dizemos que Ele é a nossa rocha protetora.

O povo da Bíblia gostava de rezar no alto da montanha. Pensava que, ali, ficaria mais próximo de Deus. Em diversas ocasiões Jesus também subiu o monte para falar com Deus, seu Pai. Era o alto da montanha o lugar escolhido por Ele para rezar, ou seja, para falar com Deus. Quando dizemos que "vamos subir a montanha do Senhor", queremos dizer que vamos elevar o nosso coração até Ele e buscar a força do seu amor para viver bem nossa vida a cada dia.

Música: "A Montanha" – Roberto Carlos

 Nosso compromisso

Deus nos fortalece sempre com seu amor e bondade. Nós também podemos ser apoio para as pessoas. Podemos oferecer tudo de bom que possuímos a quem precisar: se alguém está triste, damos a ele o nosso sorriso, a nossa alegria; se alguém está com raiva, vamos levar o nosso amor; se uma pessoa está desanimada, vamos animá-la com palavras doces e carinhosas. Enfim, vamos oferecer a quem precisar um pouco de nós mesmos. Vocês topam? (Ouvir.)

Vamos também prestar mais atenção às montanhas e vales, agradecer a Deus por tanta beleza? (Ouvir.)

 Celebrar o nosso encontro

Vamos pedir que Deus preencha a nossa vida de amor e confiança (a oração se encontra no livro do catequizando).

Todos: Dai-me, Senhor, tua força e proteção!

1. Para eu estar sempre pronto a amar e cuidar da minha família...
2. Para ter sempre um sorriso a oferecer a quem eu encontrar...
3. Para que meu coração esteja sempre pronto a perdoar...

4. Para dar sempre bons conselhos a meus amigos...
5. Para acolher todas as pessoas sem excluir ninguém...
6. Para que eu reclame menos e agradeça mais...
7. Para que eu me sinta feliz com o que sou e com o que tenho...
8. Para que eu proteja e defenda a vida, especialmente as montanhas e vales...

Música: Encerrar, cantando: "É a gente que louva o Senhor" (CD *Sementinha 3*, Paulinas Comep)

⭐ No livro do catequizando

↪ Orientar as atividades.

⭐ Na nossa família

↪ Nosso próximo encontro será sobre como a vida começa, através de pequenas sementinhas. Por isso, preciso da ajuda de vocês para trazer sementes variadas para o nosso encontro.

9 AS SEMENTES E AS PLANTAS QUE DEUS CRIOU

O Reino de Deus é semelhante a uma sementinha de mostarda que alguém plantou na sua horta. Ela brotou e cresceu. (Cf. Lc 13,18-19)

Objetivos do encontro

- Descobrir que Deus é criativo. Criou a vida numa diversidade enorme. As sementes de vários tipos continuam espalhando vida.
- Perceber que podemos praticar atitudes que são como frutos que produzem a nossa felicidade e de nossos semelhantes.

Ao final deste encontro, o catequizando precisa perceber que assim como a árvore oferece os seus frutos para todos, também nossos frutos, nossas atitudes e sentimentos, devem ser oferecidos às pessoas: alegria, bondade, justiça, amor, caridade e tantos outros.

Material necessário

- Vários tipos de sementes. Levar algumas diferentes: caroço de abacate; semente de girassol; um chuchu brotado e um sem brotar; flores secas ou não, para mostrar de onde vem a semente da flor; semente de mostarda; um coco seco, sem a casca que envolve o coco; uma cabeça de alho e, se possível, um dente de leão para soprar as sementes ou uma imagem dele.

- Levar saquinhos de papel ou plástico, para colocar a semente no final.

- Fazer fichas com as palavras: bondade, carinho, amizade, sinceridade, paciência, humildade, amor, caridade, fé, esperança, cuidado com o planeta, defesa da natureza e outras que quiser acrescentar.

- Providenciar a música "A sementinha se escondeu" (CD *Sementinha 3* - faixa 2 - Paulinas Comep) que pode ser encontrada na internet. Fazer cópias da letra para todos.

Preparação do ambiente

- Exporem em uma mesa os diversos tipos de sementes que os catequizandos trouxeram. Sobre a mesa colocar a Bíblia aberta em Lc 13,18-19, a vela acesa e flores.

⭐ Olhar a nossa vida

Pedir para que observem as sementes e façam o comentário que desejarem. Perguntar: Qual é a maior semente que temos aqui? Qual é a menor? (Ouvir.) Algumas plantas têm a semente dentro do fruto, outras de fora. Por exemplo, no morango as sementes são pequeninas e ficam de fora do morango. Mostrar o chuchu brotado e dizer que a semente dele não é colocada na terra, mas brota dele. Depois plantamos o chuchu. (Se quiser, abrir o chuchu sem brotar e mostrar a semente que fica dentro dele.) Comemos algumas sementes? Quais? (Ouvir.) Papagaio gosta muito de semente de girassol. Mostrar as sementes da flor que trouxeram para o encontro. Assoprar o dente de leão, para que as sementes voem e comentar que algumas sementes são espalhadas pelo vento. Contar a história da sementinha Milhita.

(Ao contar, usar cenas que apresentam o desenrolar da história, coloridas e bonitas. Usar as imagens do livro do catequizando.)

A SEMENTINHA MILHITA

Em uma manhã ensolarada, passeando pelo quintal, Helena encontrou um pacotinho cheio de sementes de vários formatos: redondas, ovais, pequenas, grandes... Uma das sementes lhe chamou a atenção. Era uma semente amarelinha, cor de ouro, chatinha e meio arredondada, com uma pontinha branca. Helena disse:

– Essa é a mais bonita! Vou chamá-la de Milhita.

Helena guardou a sementinha em uma gaveta de seu guarda-roupa, escondendo-a de todos como se fosse um tesouro. Todos os dias ela abria a gaveta e perguntava para a sementinha:

– Olá, Milhita, você está bem?

Um dia, porém, Helena assustou-se ao ouvir a sementinha lhe responder:

– Estou!

Assustada, Helena ficou alguns dias sem abrir a gaveta. Até que um dia, curiosa, voltou a abrir a gaveta e novamente perguntou à sementinha:

– Olá, Milhita, você está bem?

Tristonha e chorosa a sementinha lhe respondeu:

– Estou triste, apesar de saber que você gosta de mim.

Helena desta vez não se assustou, continuou a conversa e perguntou à sementinha:

– Como você poderá ficar mais feliz?

– Helena, eu nasci para uma terra boa e adubada. Nela ficarei escondidinha até vir o sol, a água. Assim eu vou inchar de alegria.

– Mas, Milhita, assim você vai apodrecer e morrer! Eu não quero isso para você, porque eu gosto muito de você.

– Helena, o segredo é esse: se eu apodrecer e morrer, de dentro de mim sairá uma vida nova. Sairá um lindo pé de milho, com as folhas verdes e o pendão balançando ao vento e depois virão as espigas com cabelinhos dourados na ponta.

– E, eu, ficarei sem você?

– Não. O sol e a chuva vão fazer com que as espigas amadureçam. Quando você abrir uma delas terá centenas de sementinhas iguais a mim. É assim que eu serei feliz: tornando-me alimento para as pessoas.

Helena um pouco triste e um pouco alegre, pegou sua semente, escolheu uma terra boa e a enterrou. E todos os dias verificava e aguardava ansiosa o que a sementinha lhe prometera: um bonito pé de milho!

Vamos conversar um pouco sobre a história da sementinha. Por que ela estava triste na gaveta? (Ouvir.) Qual era o seu sonho de felicidade? (Ouvir.) Ela conseguiu realizar seu sonho? Como? (Ouvir.) A semente carrega uma vida nova que só irá surgir se plantada e cultivada de forma adequada.

⭐ Iluminar a nossa vida

Deus, nosso Pai, é muito criativo. Imaginem quantos tipos de sementes existem no mundo! Todas carregando vida e prontinhas para brotar. Uma simples sementinha se transforma em uma nova planta pronta para produzir mais vida. Nosso Deus é o Deus da vida. Esconde a vida em uma simples sementinha e ela brota em todos os lugares do planeta. Que lindo presente recebemos de Deus: sementes que têm vida e que se multiplicam para nosso alimento.

Jesus disse uma vez que o Reino de Deus é parecido com uma sementinha pequenina de mostarda que um homem plantou na sua horta. Ela brotou e cresceu transformando-se em uma planta grande (cf. Lc 13,18-19). Ele fala, também, que "a semente é a Palavra de Deus" (cf Lc 8,11b). Ela deve ser acolhida e brotar no nosso coração, nos tornando meninos e meninas que aprendem a amar e escolhem oferecer aos outros a alegria, a amizade, o perdão, a justiça, a bondade e a felicidade.

 Nosso compromisso

Há pessoas nas cidades que resolveram plantar sementes de árvores em praças, beiradas de rios, nas sacadas de prédios e até em telhados. Elas acreditam que, assim, estão ajudando a vida no planeta. Podemos, sim ajudar a Deus, plantando sementes, fazendo a vida continuar a crescer, a multiplicar e a dar frutos

Ouvimos também que a terra em que a Palavra de Deus precisa ser plantada é o nosso coração. Se cuidarmos bem dessa terra (o nosso coração), daremos frutos. Que frutos são esses? Vamos dizer alguns? (Ouvir.) São eles: carinho, bondade, amizade, paciência, cuidar da água, defender a vida etc.

Convido vocês, agora, para fazermos mais um compromisso de amor com Deus. Ouvir, sempre, com carinho e atenção, a sua Palavra e acolhê-la em nosso coração, para produzir os frutos bons que Ele quer de cada um de nós. Estão de acordo?

⭐ Celebrar o nosso encontro

Escolham uma sementinha. Segurando a sementinha, vamos pedir a Deus, nosso Pai, para fazer brotar em nossa vida atitudes boas. (Expor, à frente, as fichas com as palavras pedidas na preparação: bondade, carinho, amizade, sinceridade, paciência, humildade, amor, caridade, fé, esperança, cuidado com o planeta, defesa da natureza e outras que quiser acrescentar.)

Escolham uma palavra para fazer a sua oração. Vamos rezar completando o pedido com uma dessas palavras (a/o catequista faz a primeira oração), por exemplo:

Deus, nosso Pai, fazei brotar em meu coração a alegria. (As palavras escolhidas poderão se repetir.)

Música: Ao terminar as preces, convidar para encerrar contando a música: "*A sementinha se escondeu*" (CD Sementinha 3 – faixa 2 – Paulinas Comep)

⭐ No livro do catequizando

↪ Fazer as atividades do livro.

⭐ Na nossa família

↪ Durante o almoço ou jantar, observe com seus pais de que parte das plantas vem os alimentos que estão comendo. Por exemplo: a cenoura e a batata são raízes. O tomate e a berinjela são frutos. A couve e a alface são folhas. O feijão e o arroz são sementes. Comente com eles sobre a criatividade de Deus ao garantir uma alimentação tão variada aos seus filhos.

↪ Convidar a família para fazer uma oração agradecendo a Deus o alimento que estão comendo. Trazer uma flor bonita para o próximo encontro.

10 A BELEZA E O PERFUME DAS FLORES

Nem Salomão, um rei muito poderoso e rico, tinha roupas tão finas e bonitas como os lírios do campo. (Cf. Lc 12,27)

Objetivos do encontro

- Admirar a beleza da criação na variedade de flores coloridas e perfumadas.
- Despertar para cultivar a atitude de admiração pela beleza presente nas flores e no mundo.

No final do encontro a atitude de admiração pela beleza das flores precisa ser concreta. Também a percepção de que somos muito amados por Deus e, por isso, podemos espalhar alegria e beleza, como as flores.

Material necessário

- Levar flores.
- Vaso para flores.
- Levar uma rosa artificial muito bem-feita (para descobrir que é artificial) e uma linda rosa natural.
- Onde for possível projetar no datashow imagens de flores em suas variedades e tamanhos. Caso não disponha de datashow, usar imagens impressas.
- Procurar na internet a música "Obrigado, Senhor, porque és meu amigo" (Eugênio Jorge – CD *Pérolas em Canções*) e copiar a letra num cartaz ou fazer cópias para todos.

Preparação do ambiente

- Preparar uma mesa com vela acesa, cruz, Bíblia aberta no versículo do tema, um vaso com água para os catequizandos colocarem suas flores. Colocar sobre a mesa a rosa artificial e a rosa natural.

⭐ Olhar a nossa vida

Pedir aos catequizandos que digam o nome da flor que trouxeram. Mostrar as duas rosas e perguntar se são iguais. (Ouvir.) Deixar as duas rosas passarem de mão em mão e pedir que cada um aponte uma diferença entre as duas. No final, concluir que a diferença mais importante é que uma delas tem VIDA. A rosa natural tem vida e é capaz de gerar mais vida (lembrar o encontro anterior onde foi mostrada a semente da flor, do girassol).

Vamos, agora, falar o nome de flores que conhecemos e não estão aqui. (Ouvir.) Existem milhares de flores que nem conhecemos. Quando a gente viaja por uma estrada, de ônibus ou carro, é só observar e enxergar mil tipos de flores por toda a parte, desde as mais miudinhas até as maiores. (Onde for possível, projetar no datashow imagens de flores.) Quem tem flores em vasos, em casa? E em jardins? (Ouvir.) Se existem flores em casa, recebemos a visita de borboletas, abelhas e beija-flores. Para que servem as flores? (Ouvir e completar.) Servem para enfeitar, dar de presente para quem gostamos, homenagear alguém. A abelhinha usa o seu néctar para fazer o mel; o beija-flor se alimenta de seu néctar. (Explicar o que é o néctar da flor.) A maioria dos perfumes que as pessoas usam é fabricada a partir das flores. Do girassol fazemos um óleo muito bom para a pele e para fazer comida. As flores são também muito úteis.

⭐ Iluminar a nossa vida

As flores, também são um presente de Deus, assim como toda a natureza. Ele enfeitou o nosso mundo com este lindo presente. Ele quer que a gente ajude a multiplicar a vida, a beleza e a enfeitar o mundo, plantando todo o tipo de sementes de flores. Jesus também admirava as flores. Uma vez Ele disse: "Nem Salomão, um rei muito poderoso e rico, tinha roupas tão finas e bonitas como os lírios do campo" (cf. Lc 12,27). É o nosso Deus que cuida assim das flores tão delicadas. Se Ele cuida assim das flores, imaginem com que carinho e amor Ele cuida de nós, seus filhos prediletos! Se Deus cuida assim de nós podemos viver com confiança.

Neste exato momento existe um número enorme de flores abertas pelo mundo todo, preocupadas apenas com o tempo de florir. Elas só querem florir, mais nada. Não pedem nada em troca. Sabiam que Deus nos fala através das flores? (Ouvir.) É só prestar atenção e aprender a ouvir. Na delicadeza das flores nos ensina a sermos delicados. No seu perfume, nos ensina que as nossas palavras devem exalar o perfume do amor que colocamos nelas. Na sua beleza, nos ensina que a nossa beleza vem do nosso coração, através das atitudes que demonstramos ter. E na variedade de flores, o que Deus quer nos ensinar? (Ouvir.) Na variedade das flores, Ele nos ensina que também nós somos diferentes uns do outros, mas que cada um de nós possui a sua beleza especial e única.

 Nosso compromisso

Vamos aprender a observar as marcas de Deus no mundo e ouvir o que Ele quer nos dizer. Imitando as flores, qual vai ser o nosso compromisso hoje? Que tal a gente se esforçar para dizer mais palavras gentis que ríspidas, acolher a todos com amor, reconhecendo que, mesmos aqueles que são diferentes de nós, são filhos amados de Deus, nosso Pai, e por isso são nossos irmãos? Concordam? (Ouvir.)

O papa Bento XVI disse uma vez: "Fazei coisas belas, mas sobretudo tornai as vossas vidas lugares de beleza" (*Discurso no encontro com o mundo da cultura, Lisboa, Portugal 12/05/2010*). Inspirados na beleza que uma flor exala, seja ela qual for, podemos também assumir fazer da nossa vida um lugar de beleza? (Ouvir.) Assumindo os compromissos, estaremos fazendo da vida lugar de abraço, sorriso, mansidão, paciência, amor e respeito pelas pessoas. Assim exalamos o "cheiro bom" de ser amigo de Deus, assim vamos nos fazendo belos e verdadeiros.

 Celebrar o nosso encontro

Vamos olhar para as flores que vocês e eu trouxemos. Vamos pensar no Deus bondoso e misericordioso, que nos deu tão lindo presente. Façamos a ladainha das flores, pedindo a Deus que nos faça parecidos com elas.

Todos: *Ajuda-nos a espalhar a alegria como as flores!*

Senhor Deus e nosso Pai,

1. Olhando para a margarida, criada por tuas mãos, tão simples e tão bonita, nós te pedimos...
2. Olhando para a rosa, criada com tanto carinho, delicada e perfumada, nós te pedimos...
3. Olhando para o lírio, criado com tanta beleza, puro e sedoso, nós te pedimos...
4. Olhando para a violeta, criada com tanta delicadeza, pequenina e humilde, nós te pedimos...
5. Olhando para o girassol, sempre voltado para a luz do sol, nós te pedimos...

(Permitir que os catequizandos, que quiserem, escolham uma flor e façam também uma oração pessoal.)

Música: "Obrigado, Senhor, porque és meu amigo" (Eugênio Jorge – CD *Pérolas em Canções* – Volume 1 – faixa 1)

⭐ No livro do catequizando

- Orientar as atividades.

⭐ Na nossa família

- Levar a flor que você trouxe para a mamãe, abraçá-la e dizer que a ama muito.

11 — O SABOR DAS FRUTAS QUE DEUS CRIOU!

E o Senhor Deus fez brotar da terra toda a sorte de árvores de aspecto atraente e saborosas ao paladar. (Gn 2,9a)

Objetivos do encontro

- Reconhecer no sabor e beleza das frutas um presente de Deus que beneficia a nossa saúde.
- Despertar para cultivar a atitude de gratidão por tantas coisas que Deus nos dá.

O catequizando precisará saborear as frutas e reconhecê-las como presentes de Deus. Ser grato por tanta beleza e diversidade em tudo o que Deus criou, também pelas frutas.

Material necessário

- Uma tigela grande com diversas frutas picadas (deverão ser picadas em pedaços pequenos, que caibam na boca das crianças).
- Uma venda para cobrir os olhos.
- Uma caixinha de palitos de dentes.
- Procurar na internet a música "Rock das frutas" (*A Turma do Seu Lobato*). (Providenciar a letra para todos).

Preparação do ambiente

- Preparar uma mesa com vela acesa, cruz, Bíblia aberta no versículo acima, uma tigela com as frutas picadas.

⭐ Olhar a nossa vida

Pedir para que observem as frutas picadas e tentem falar que fruta é. Não dizer se está correto ou não. Dizer que vamos vendar os olhos de alguém e, pelo sabor, esta pessoa vai identificar que fruta é. Pedir um voluntário. Vendar os olhos da criança, espetar um pedaço de fruta com um palito e colocar na sua boca. Após saborear o pedaço de fruta, esperar que ela diga o nome. Se acertar, aclamar com palmas. Fazer a experiência com cinco crianças.

As frutas são iguais, têm o mesmo sabor? (Ir ouvindo e completando: oval, redondinha, azedas, doces, com muito caldo, apenas uma massa, vermelhas, amarelas etc.) Qual fruta você mais gosta? Por quê? (Ouvir.) Vamos dizer o nome das frutas que já comemos em nossa vida? (Esperar que cada um fale.) Para que servem as frutas? (Ouvir e completar.) Para que servem as frutas? (Ouvir e completar). Servem de alimento e trazem saúde para o nosso corpo com as vitaminas que precisamos para crescer e ficar fortes. Servem para fazer geleias e doces. Quando são muito azedas como o limão e o maracujá, servem para fazer sucos deliciosos, não é? A árvore que produz manga é a... Então, podemos dizer que a mangueira é uma árvore-mãe. Vamos dizer os nomes de outras árvores-mães? (Ouvir e encerrar.)

⭐ Iluminar a nossa vida

"E o Senhor Deus fez brotar da terra toda a sorte de árvores de aspecto atraente e saborosas ao paladar" (Gn 2,9a). Ao criar o mundo, como já vimos, Deus criou uma diversidade enorme de coisas, também as frutas. Quando nascemos já havia árvores frutíferas espalhadas por todo o mundo, para alimento de todos. E quanta gente planta pomares em sítios, faz plantações enormes de árvores frutíferas para os mercados! É o homem cuidando de conservar e multiplicar este presente de Deus. As frutas são importantes na nossa alimentação.

Vocês acham que todas as crianças têm e podem comer frutas sempre? Por quê? (Ouvir). A maioria de nós não tem frutas plantadas em casa e precisamos comprá-las nos mercados, nos sacolões e nas feiras. Todos podem comprar? O que acontece com as crianças que não comem frutas? (Ouvir e completar.) O que as pessoas poderiam fazer para que toda criança da nossa comunidade comesse frutas? (Ouvir.)

Nosso compromisso

Cada vez que comermos estas coisas tão gostosas e bonitas que são as frutas, vamos lembrar de agradecer a Deus e a partilhar com os que não têm.

Celebrar o nosso encontro

Dar um palito para cada catequizando com um pedaço de fruta.

Vamos agradecer a Deus por todas as frutas que vamos comer agora, dizendo (pedir para irem repetindo):

> *Obrigado, Pai de amor, por estas frutas tão gostosas que vamos comer. Abençoai as mãos de quem as plantou, as mãos de quem as colheu e as mãos de quem as preparou para nós. Amém!*

Em seguida, saborear as frutas picadas.

Música: "Rock das frutas" – (*A Turma do Seu Lobato*)

No livro do catequizando

↪ Orientar as atividades.

Na nossa família

↪ Converse com seus familiares sobre o encontro.

↪ Trazer uma foto do seu animal de estimação (pode ser no celular) para o próximo encontro.

12 — OS ANIMAIS EM SUA VIDA!

Todas as criaturas da terra e do mar venham louvar o Senhor. Os animais ferozes e o gado do campo, os bichos que rastejam e os pássaros que voam. (Sl 148, 7.10.)

Objetivos do encontro

- Reconhecer os animais como obra da criação de Deus, merecedores do nosso cuidado e respeito, pois a vida sempre deve ser preservada.
- Aprender a importância do cuidado e carinho com os animais.

Normalmente, as crianças gostam de animais. Ao final deste encontro os catequizandos deverão aprender que o afeto pelos animais exige respeito e cuidado por eles.

Material necessário

- Fotos dos animais de estimação pedidos no encontro anterior.
- Providenciar gravuras de animais ou imagens da internet para serem exibidas no datashow (se possível). Imagens ou gravuras de animais em perigo de extinção no Brasil também podem ser mostradas. O celular também pode ser usado para mostrar as fotos ou imagens.
- Imagem de São Francisco de Assis (se possível).
- Um sininho ou chocalho para a brincadeira do pastor e o carneirinho.
- Uma faixa para cobrir os olhos.
- Procurar na internet a música "Ciranda dos Bichos" (*Palavra cantada*).

Preparação do ambiente

- Preparar uma mesa com vela acesa, cruz, Bíblia aberta no versículo acima, imagem ou quadro de São Francisco de Assis com animais.

Olhar a nossa vida

Hoje, vamos brincar de "O pastor e o carneirinho". Vamos formar uma roda, bem juntinhos, de braços dados, como uma cerca para o carneirinho não sair. Preciso de dois voluntários: um será o carneirinho e outro o pastor. (Escolher os dois catequizandos.)

A brincadeira é assim: o carneirinho vai tentar fugir do pastor e o pastor vai tentar pegar o carneirinho fujão. Mas, o pastor terá os olhos vendados e não vai poder ver o carneirinho. O carneirinho terá um sininho que ficará balançando o tempo todo. O pastor deverá prestar atenção de onde vem o som do sininho e, assim, tentar pegar o carneirinho. Quando o carneirinho for pego, trocaremos a dupla. (Vendar os olhos do pastor e iniciar a brincadeira. Fazer a brincadeira com dois ou três catequizandos e encerrar.)

Fizemos uma brincadeira com a representação de um animal: um carneirinho. Foi divertido? O que aprendemos com a brincadeira? (Ouvir.) O carneirinho queria fugir e se fugisse será que saberia se cuidar? (Deixar que falem.)

Eu pedi a vocês que trouxessem, hoje, fotos de seu animal de estimação. Nosso assunto, hoje, é, então, "os animais".

Vocês vão mostrar as fotos do seu animal de estimação. (Um de cada vez mostra as fotos.) Vamos partilhar, em pequenos grupos, a história de seu animal (nome, como o ganhou, características dele, cuidados que tem com ele: alimento, banho, vacina etc.). Conte também se seu animal já tentou fugir como o carneirinho, e o que você fez?... (Dar tempo para a partilha em grupo.)

 Iluminar a nossa vida

Devemos cuidar e proteger os animais. Ninguém tem o direito de maltratá-los. As plantas, os animais, as pessoas são todos seres vivos e formam uma corrente de vida, que deve ser protegida. Esta corrente de vida chama-se ecologia, meio ambiente, conservação da vida de todos. Se esta corrente de vida é destruída, todos vão sofrer. Se há incêndio nas florestas, o que acontece?

(Ouvir e completar.) Morrem as plantas, os animais que vivem ali e até pessoas. Se as águas dos rios são poluídas, qual é o prejuízo para todos? Morrem os peixes que servem para nosso alimento e a água não serve mais para beber, nem para as pessoas ou animais.

Existem algumas espécies de animais em extinção no nosso planeta. Você sabe o sentido da palavra EXTINÇÃO? (Ouvir.) Quer dizer que algumas espécies estão desaparecendo. Por que isto está acontecendo? (Ouvir.) Algumas pessoas matam animais para vender suas peles e penas para ganhar dinheiro. Fazem contrabando de animais, sem cuidar deles, que acabam morrendo em grande quantidade. O que você acha disto? (Ouvir.) Já imaginou o mundo sem animais? Sem a beleza do canto dos passarinhos ou da cigarra, sem abelhas que fazem o mel, sem o carneiro que nos dá a lã?

Vamos conhecer as imagens de alguns animais que estão em perigo de extinção no Brasil. (Mostrar as imagens impressas ou no *Datashow*. Alguns exemplos: Arara-azul, Ariranha, Baleia-franca-do-sul, Cervo-do-Pantanal, Gato--maracajá, Lobo-guará, Macaco-aranha etc.). Vocês vão escolher qual gostariam de proteger e o porquê.

⭐ Nosso compromisso

➤ Qual vai ser o nosso compromisso de hoje? (Ouvir.)

➤ Quem tem um animal de estimação se compromete a cuidar bem do nosso animal de estimação com carinho e respeito? Assim ele vai devolver para nós carinho e amizade.

➤ Quem tem ou não animal de estimação se compromete a não maltratar os animais, aprendendo a respeitar toda a natureza como criatura de Deus.

Música: "Ciranda dos Bichos" (*Palavra cantada*)

⭐ Celebrar o nosso encontro

Vocês sabem que santo é este aqui? (Ouvir). São Francisco de Assis é considerado o santo protetor dos animais, por proteger os animais e se dirigir a eles como irmãos. No dia 04 de outubro comemora-se o dia dos animais. A data escolhida foi o dia de São Francisco de Assis, amante da natureza e padroeiro dos animais e do meio ambiente. Ele pregava que precisávamos cuidar da natureza, não só porque ela nos traz benefícios, mas porque toda ela é obra de Deus. Ele chamava toda a natureza de irmã e os animais de irmãos. São Francisco foi nomeado pelo papa João Paulo II como patrono da ecologia em 29/11/1979.

Vamos fechar os olhos, colocar a mão direita sobre o coração e louvar a Deus por todas as suas criaturas. Aprendendo com São Francisco a chamar os animais de irmãos, vamos rezar juntos (a oração se encontra no livro do catequizando):

Todos: Louvado seja o meu Senhor!

Catequista: Pelos irmãos pássaros que cantam nas árvores,

Todos: Louvado seja o meu Senhor!

Catequista: Pelos irmãos peixes que povoam as águas e nos servem de alimento,

Todos: Louvado seja o meu Senhor!

Catequista: Pelos irmãos domésticos: o boi, o cão, o cavalo, o carneiro, a cabra, o gato, que ajudam o ser humano em todos os momentos de sua vida,

Todos: Louvado seja o meu Senhor!

Catequista: Pelos irmãos selvagens: a onça, o javali, a girafa, o elefante e outros animais que habitam as florestas,

Todos: Louvado seja o meu Senhor!

Catequista: Por tudo que tem vida e habita o Planeta Terra,

Todos: Louvado seja o meu Senhor!

⭐ No livro do catequizando

- Orientar as atividades do livro.

⭐ Na nossa família

- Perguntar quais são os animais preferidos deles e por quê.
- Contar a eles também quais animais brasileiros estão em extinção.

13 CELEBRAR A CRIAÇÃO!

Louvado sejas, ó Senhor, nosso Deus! Tu fizeste o céu, a terra e tudo que existe sobre ela. (Ne 9,1.6)

Objetivos da celebração

- Louvar e agradecer a Deus por toda a criação.
- Despertar o desejo de ser parceiro(a) de Deus na proteção e defesa da natureza e animais.

Material necessário

- Providenciar cópias da letra da música "Irmão Sol, irmã Lua" (Waldecir Farias) para todos (pode também ser projetada em datashow ou escrita num grande cartaz). A música pode ser encontrada na internet.
- Imagem de São Francisco de Assis (se possível).
- Material dos encontros anteriores (o que for possível).
- Decorar o local do encontro (se possível) com imagens de paisagens diversas. É possível encontrar em revistas velhas. Confeccionar pés. Cada pé com um tema dos encontros:
  - Vamos nos conhecer?
  - Respondendo o chamado
  - Nosso mundo, presente de Deus
  - Nosso mundo é lindo demais!
  - Deus criou a luz, viva a luz!
  - Água, fonte vida!
  - As montanhas e os vales verdejantes
  - As sementes e as plantas que Deus criou
  - A beleza e o perfume das flores
  - O sabor das frutas
  - Os animais em sua vida

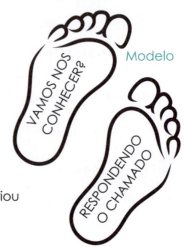

Modelo

Preparação do ambiente

⇢ Dispor todo o material no centro do círculo. Não esquecer a vela acesa, a Bíblia, as flores, a imagem de São Francisco (se possível).

⇢ Espalhar os pés junto com o material disposto no chão.

Memória da caminhada

Observem a decoração do nosso ambiente. Isto lembra alguma coisa a vocês? (Somente ouvir.) Hoje vamos celebrar tudo o que refletimos em nossos encontros até agora. Observem os pés desenhados. Cada um se refere a um dos encontros. Quem poderia escolher o pé que fala do 1º encontro? (Se não se lembrarem, o catequista deverá fazer algumas perguntas que os ajudem a lembrar.) O primeiro pé, então, é o primeiro passo na nossa caminhada até hoje. E, assim, fazer com os outros passos, formando um caminho. (Ir lembrando, a cada passo, alguma coisa do encontro e rezar juntos: Deus esteve presente na nossa caminhada.)

Catequizando: Deus esteve presente na nossa caminhada.

Proclamação da Palavra

Catequista: Vamos ouvir a leitura do Sl 145,9-10.21 (após a proclamação da Palavra, faça alguns instantes de silêncio e, em seguida, proclame novamente o texto).

Catequista: Durante todos os nossos encontros, descobrimos que Deus se comunica conosco através da natureza. Ao criar o mundo, Deus o enche com a sua presença. As coisas criadas revelam a grandeza e o infinito amor de Deus. Por isso, ao contemplarmos a beleza e a harmonia da natureza, experimentamos sentimentos de paz, de amor, de uma profunda alegria. Deus também se deixa encontrar na obra de suas mãos. Descobrimos Deus numa flor. A beleza dela, o seu perfume, a sua maciez nos revela que nenhum ser humano é capaz de fazer igual: tantos tipos diferentes, perfumes os mais variados, cores incríveis. Deus nos fala também através dos animais, com a capacidade que eles têm de nos encantar e se afeiçoar a nós.

Em toda criação vemos a beleza de Deus, a beleza do céu, o calor do sol, a luz da lua e das estrelas à noite, o frescor do vento em um dia quente, a água refrescante que mata a nossa sede. Cada ser humano é criado por amor, feito à imagem e semelhança de Deus. Nosso Deus Criador é o Deus da Vida. A criação de Deus nos permite sentir a sua presença e caminhar na sua direção, por isso, ela precisa ser cuidada e preservada.

Música: "Irmão Sol, irmã Lua" (autor desconhecido).

 Rezando com a Palavra de Deus: Ne 9,1-6

Catequista: A terra e tudo o que nela vive, existe antes de nós e nos foi dada por Deus. Um homem chamado de Deus, chamado Neemias, era encantado com tudo que Deus criou. Por isso, ele assim louvava o Senhor:

Todos: Louvado sejas, ó Senhor, nosso Deus, para todo o sempre!

Catequista: Louvado seja o teu Nome glorioso.

Todos: Louvado sejas, ó Senhor, nosso Deus, para todo o sempre!

Catequista: Tu fizeste o céu, a terra e tudo o que existe sobre ela.

Todos: Louvado sejas, ó Senhor, nosso Deus, para todo o sempre!

Catequista: Tu fizeste os mares e tudo o que eles contêm.

Todos: Louvado sejas, ó Senhor, nosso Deus, para todo o sempre!

Catequista: És Tu que conservas a vida de todos.

Todos: Louvado sejas, ó Senhor, nosso Deus, para todo o sempre!

 Oração final

Catequista: Deus nos deu a missão de cuidar da nossa casa comum, o planeta terra, que tem sido muito maltratado. A terra e tudo o que nela vive, existe antes de nós e nos foi dada. São Francisco de Assis nos inspira a ser exemplo de cuidado com a natureza e os animais. Rezemos juntos:

Todos: Ó Deus, que nos ama com amor maior que o mundo, queremos, a exemplo de São Francisco, cultivar e guardar a vida do Planeta. Amém!

 No livro do catequizando
- Orientar a atividade do livro.

 Na nossa família
- Trazer, no próximo encontro, um retrato seu de quando era bebê ou criancinha, que você mais gosta.

14 SOU GENTE, SOU IMPORTANTE!

Deus criou o ser humano à sua imagem e semelhança. (Cf. Gn 1,27)

Objetivos do encontro

- Reconhecer-se importante, único, semelhante a Deus.
- Aprender a respeitar o outro e aceitá-lo com suas diferenças.

Este encontro precisa levar o catequizando a descobrir como pode ser semelhante a Deus, desenvolvendo os dons que possui e atitudes concretas de sensibilidade afetiva com as pessoas.

Material necessário

- Fotos de cada catequizando quando bebê ou criancinha.
- Preparar uma caixa bonita, como de presente, tendo dentro um espelho.
- Providenciar a música "Fui chamado a viver". (CD *Sementinha 4* – faixa 10)

Preparação do ambiente

- Preparar, no centro da sala, uma toalha com vela acesa, cruz, Bíblia aberta no versículo Gn 1,27, fotos das crianças. Seria interessante que o(a) catequista levasse a sua foto também.

Olhar a nossa vida

Apresentar para os catequizandos a caixa previamente preparada.

Dentro da caixa tem o retrato de alguém muito importante que vocês irão conhecer agora. Quem será? (Ouvir.) Chamar cada um, em particular, de modo que os outros não possam ver o que tem na caixa. Pedir que ninguém conte para os outros quem ele viu. Colocar uma música instrumental durante a dinâmica. No final comentar a experiência a partir das questões abaixo.

- O que você sentiu ao descobrir que é uma criatura muito importante que Deus criou?

Cada um descobriu que a pessoa importante de quem falei era você mesmo. Cada um é muito importante para Deus. Então, podemos aprender que todas as pessoas têm igual valor para Ele, não importa a raça, a cor, e as diferenças de cada um.

O catequista recolhe as fotos de cada um e distribui aleatoriamente no grupo.

- Vamos identificar a pessoa da foto?
- Você sabe quem é? (Ouvir um de cada vez, até que todos sejam identificados.)
- Como conseguimos identificar as pessoas? (Ouvir completar.)
- Conseguimos identificar pelas características faciais: formato do rosto, cor dos olhos, tipo e cor dos cabelos, formato do nariz e da boca etc. Somos todos diferentes, não é?
- Mas também podemos ser parecidos. Em que somos parecidos? (Ouvir.)
- Somos iguais? Não. Não somos cópias uns dos outros. Cada um é original, único. Deus não faz cópias.

⭐ Iluminar a nossa vida

Deus nos criou únicos, irrepetíveis. Podemos ser identificados até pela marca que deixamos com a ponta dos dedos em tudo que tocamos. Esta marca tem o nome de digital. Ninguém tem igual. Deus é muito criativo. A Bíblia nos conta que Deus nos criou à sua imagem e semelhança (cf. Gn 1,27).

Como podemos ser semelhantes a Deus? (Ouvir.) Somos semelhantes a Deus pela nossa capacidade de amar, na nossa inteligência, na nossa liberdade de escolher o que queremos – até Deus respeita a liberdade que nos deu. Sabemos que Deus é criativo. A nossa criatividade também é dom de Deus, semelhança com Ele. A diferença é que Deus cria e nós inventamos. O dicionário diz que criar é dar existência do nada. Por isso, somente Deus cria. O ser humano inventa usando coisas criadas por Deus. Quantas coisas o homem já inventou! Vamos dizer algumas? (Ouvir e completar.)

⭐ Nosso compromisso

Deus nos fez diferentes dos outros seres, nos fez muito especiais! Nós estamos sempre crescendo. Deus quer que a gente cresça no tamanho, na inteligência e no amor às pessoas. Como podemos crescer no tamanho? Cuidando do nosso corpo, nos alimentando direito, fazendo a higiene necessária, praticando esportes, cuidando da saúde. Como podemos crescer na inteligência? Estudando na escola e em casa, escutando e aprendendo os ensinamentos de nossos pais e amigos. Como crescemos no amor? (Ouvir e completar.) Procurando ser amigo, atencioso, paciente, sempre escutando, ajudando as pessoas no que precisam, ser também sempre agradecidos pelo que recebemos de bom. Este é o nosso compromisso: cuidar bem de nós e dos outros.

⭐ Celebrar o nosso encontro

Música: "Fui chamado a viver" – CD *Sementinha 4* – faixa 10.

Após cada frase façamos um segundo de silêncio e vamos responder:

Todos: Sou parecido com Deus!

1. Quando sou misericordioso, perdoando as pessoas que me ofendem...

Todos: Sou parecido com Deus!

2. Quando sou amoroso com as pessoas...
3. Quando sou amigo e atencioso com as pessoas...
4. Quando sempre tenho uma atitude de carinho para com minha família...
5. Quando respeito os amigos, familiares, pessoas que pensam diferente de mim...
6. Quando uso a minha inteligência para escolher o que é certo...

Rezemos juntos (a oração se encontra no livro do catequizando):

> *Querido Deus, quero ser sempre fiel ao teu amor e ao teu desejo de me querer parecido contigo. Para isso, preciso da tua força e da tua proteção. Fica comigo, Senhor!*

⭐ No livro do catequizando

↪ Orientar as atividades do livro do catequizando.

⭐ Na nossa família

↪ Perguntar a seus pais em que você se parece com eles: fisicamente e o jeito de ser, a personalidade.

15 POSSO OLHAR E SENTIR

Meus olhos estão voltados para o Senhor Deus. Ele me ampara quando tropeço. (Sl 25,15)

Objetivos do encontro

- Compreender que a melhor maneira de enxergar o mundo e as pessoas é com o coração.
- Aprender a ver além das aparências.

O catequizando deverá estar consciente que as aparências podem enganar os nossos olhos e que a melhor maneira de enxergar o irmão, a natureza e Deus é através do coração, que vai além das aparências. É assim que Deus nos olha. Devemos procurar ver com os olhos de Deus.

Material necessário

- Objetos de vários tamanhos, formas e texturas.
- Uma venda para os olhos.
- Uma faixa com o texto bíblico: "Confio no Senhor, não hei de vacilar. Sua bondade está diante de meus olhos". (Sl 26,1c.3a).
- Providenciar cópias da letra da música "Eu quero ter um coração bonito" (Pe. Zezinho, CD *Deus é bonito* – faixa 7). Pode ser encontrada na internet.

Preparação do ambiente

- Bíblia aberta no versículo que ilumina o encontro, flores bonitas e vela acesa. Sobre uma mesinha à frente do grupo ou no centro da sala, se estiverem assentados em círculo, como se fosse um altar.

⭐ Olhar a nossa vida

Vamos fazer uma brincadeira. Vamos nos dividir em dois grupos e cada um vai tentar identificar um objeto, sem usar os olhos. A cada objeto identificado de maneira correta, o grupo ganhará um ponto. Vamos lá?

Dividir o grupo de catequizandos em dois, A e B, ou nomes que a catequista quiser colocar. Escolher um catequizando de um dos grupos. Vendar seus olhos e colocar um objeto em suas mãos para que ele o identifique. Dar duas tentativas. Se o catequizando acertar, o seu grupo ganha um ponto. Em seguida, fazer o mesmo com um catequizando do outro grupo. Não é necessário fazer com todos, mas enquanto houver interesse.

Vejam que interessante: Deus nos presenteou com a visão. Olhos que tudo veem e tudo percebem. Como é bom ver a beleza das cores, das flores, das borboletas, enfim de toda a natureza! Mas, precisamos da luz para ver as coisas. Podemos enxergar no escuro? (Ouvir e completar.) Na escuridão completa não enxergamos nada, não é? E como fazemos para andar no escuro? (Ouvir.) Esticamos os braços e vamos tocando os objetos para caminhar sem tropeçar em nada e nem trombar com alguma coisa, não é mesmo? Assim as nossas mãos "veem" o que os nossos olhos não podem ver. E então? Podemos dizer que as nossas mãos têm outro jeito de ver? (Ouvir.) Foi exatamente o que aconteceu na nossa brincadeira. Com as mãos identificamos vários objetos com uma venda em nossos olhos. Há várias pessoas que não conseguem "ver com os olhos", são cegas. Mas, enxergam com os outros sentidos, audição, tato, paladar, olfato e, sobretudo, com o coração.

⭐ Iluminar a nossa vida

A nossa brincadeira revelou que o nosso corpo pode ver de maneiras diferentes: com a nossa visão e com o nosso tato, isto é, se os olhos não podem enxergar, podemos tocar e conhecer o que tocamos. Será que temos outra maneira de enxergar? (Ouvir.)

Na Bíblia tem uma oração que fala assim: "Meus olhos estão voltados para o Senhor Deus. Ele me ampara quando tropeço" (Sl 25,15). Que olhos são esses que se voltam para Deus e nos trazem confiança n'Ele? (Ouvir.) Esses olhos são os do nosso coração, que veem melhor do que nossa visão. Ver com os olhos do coração é ver além da aparência das pessoas, o que elas trazem no coração: a bondade ou a maldade, a simplicidade ou a vaidade, a humildade ou o orgulho, o amor ou o egoísmo, e assim por diante. É assim que Deus nos vê: como realmente somos. Precisamos aprender com Ele e procurar ver as pessoas com o nosso coração, aceitando-as como realmente são e ajudando-as a crescer no amor a Deus e às pessoas.

 Nosso compromisso

No nosso encontro passado, aprendemos que somos parecidos com Deus de muitas formas. Será que "enxergar com o coração" também é se tornar parecido com Deus? (Ouvir.) Que tal, então, assumir o compromisso de aprender a ver com o coração, como Deus faz conosco? Vamos pedir a Deus que o nosso coração seja assim.

Música: "Eu quero ter um coração bonito" (Pe. Zezinho – CD *Deus é Bonito* – faixa 7)

 Celebrar o nosso encontro

Vamos fechar os nossos olhos e sentir que Deus nos olha com amor (fazer um momento de silêncio). Deixemos que Ele veja o quanto somos agradecidos pelo dom de enxergar com os nossos olhos, ou com as nossas mãos ou com o nosso coração. Cada um fale com Ele, bem baixinho (fazer um momento de silêncio). Vamos rezar juntos esta oração (que também se encontra no livro do catequizando).

Senhor meu Deus,
Eu quero te agradecer por tantas coisas boas que acontecem na minha vida. Posso ver tantas coisas lindas que o Senhor criou. Posso olhar o rosto alegre de meus pais, o sorriso e a alegria deles. Posso ver a luz do sol, a beleza dos passarinhos e de toda a natureza.
Neste momento, quero agradecer, especialmente pelo dom de ver com o coração. Enxergar o carinho das pessoas que fazem parte de minha vida: meus amigos, meus pais, meus avós e todos os meus parentes.
Meu agradecimento maior, Senhor, é poder sentir o teu amor no mais fundo do meu coração. Esta é a minha grande alegria.

⭐ **No livro do catequizando**

➤ Orientar as atividades do livro do catequizando.

➤ Solicitar que façam a oração, também com seus familiares.

⭐ **Na nossa família**

➤ Conte para sua família que hoje descobriu a importância de ver com o coração.

16 — QUE ALEGRIA, POSSO OUVIR!

Ouvirei o que diz o Senhor Deus: ele anuncia paz para seu povo, para seus fiéis, para quem volta a ele de todo o coração. (Sl 85,9)

Objetivos do encontro

- Aprender que saber ouvir é fazer silêncio, é dar atenção às pessoas.
- Compreender que "ouvimos" Deus através das pessoas, da natureza, dos acontecimentos e em nosso coração.

Neste encontro, o catequizando deverá descobrir que pode ouvir a Deus através das pessoas, através da natureza, através do seu coração e que o silêncio é meio para conseguir perceber a mensagem d'Ele com sensibilidade.

Material necessário

- Providenciar cartaz com a letra da música "Obrigado, Senhor" (Eugênio Jorge), que pode ser encontrada na internet. Providenciar também alguma música instrumental mais suave.
- Selecione cinco objetos que reproduzam barulhos diferentes, exemplo: pandeiro, sino, despertador, flauta e apito.
- Uma caixa para guardar estes objetos.
- Cartelas como o modelo abaixo para cada catequizando:

	Nome do objeto	Pontos
01		
02		
03		
04		
05		
	Total	

Preparação do ambiente

→ Receber os catequizandos com uma música suave, somente instrumental. Dispor as cadeiras em círculo e, no centro, colocar sobre uma toalha a Bíblia aberta, vela acesa, flores e a caixa com os objetos preparados com antecedência.

⭐ Olhar a nossa vida

Distribuir as cartelas para os catequizandos. Apresentar a caixa com os objetos. Precisamos fazer bastante silêncio. Dentro desta caixa eu coloquei vários objetos que produzem som, barulho. Sem ver o objeto, vocês vão identificar cada um pelo som que produzem. Depois vão escrever o nome na cartela e vamos conferir se acertaram.

Vamos fazer silêncio para ouvir o som. Fechem os olhos. O catequista retira da caixa um objeto e produz o som, devolvendo o objeto à caixa. Fazer isto de maneira que os catequizandos não possam ver o objeto. Abram os olhos e escrevam na cartela o nome do objeto. (Quando todos terminarem, apresentar o objeto para conferir se acertaram.)

Proceder desta mesma forma com os cinco objetos. Para cada acerto, o catequizando marca um ponto na tabela. Conferir no final o total de pontuação.

→ E então, foi fácil descobrir o objeto pelo som que produz? (Ouvir.)

⭐ Iluminar a nossa vida

Para ouvir bem, é preciso fazer silêncio e prestar atenção, não é? Se vocês estivessem conversando, se houvesse barulho na sala, talvez vocês não conseguissem identificar os objetos pelo barulho que fazem.

Há pessoas que gostam muito de falar, porém se esquecem de algo muito importante: saber ouvir! Saber ouvir é também dar atenção às pessoas, descobrir como elas estão, escutar suas histórias, entender seus conselhos... Todos gostamos de ser ouvidos quando falamos.

Na Bíblia tem uma oração que fala assim: "Ouvirei o que diz o Senhor Deus: ele anuncia paz para seu povo, para seus fiéis, para quem volta a ele de todo o coração" (Sl 85,9).

Será que podemos ouvir a Deus com nossos ouvidos? (Ouvir.) Não. Mas, Deus nos fala através da natureza: no canto harmonioso dos passarinhos, no barulho suave das águas de um riacho ou das ondas do mar, no vento suave passando pelas folhas das árvores...

Podemos "ouvir" Deus também através das pessoas e dos acontecimentos em nossa vida. Deus nos fala através das pessoas e de maneiras diferentes sempre envia mensagens de amor para nós.

Vamos cantar, agradecendo a Deus pela presença d'Ele em nossa vida?

Música: "Obrigado, Senhor".

Refrão: "Obrigado, Senhor, porque és meu amigo, porque sempre comigo tu estás a falar".

 Nosso compromisso

Na escola, em casa, aqui no encontro, se fazemos muito barulho ou falamos ao mesmo tempo que as outras pessoas, impedimos as pessoas de ouvir. Quando a gente conversa, um fala e o outro ouve, um pergunta e o outro responde, cada um por vez. O nosso compromisso de hoje é aprender a ouvir com atenção e silêncio amoroso. Vocês topam?

 Celebrar o nosso encontro

Vamos começar a experiência de silêncio interior ouvindo uma música. Mas, é para ouvir mesmo, sentar e se aquietar. (Colocar uma música instrumental bem suave.)

Descobrimos que Deus nos fala através da natureza e através de outras pessoas. Vamos nos colocar à disposição de Deus para que Ele fale aos outros através de nós? Mas, para fazer isso, precisamos conhecê-lo bem.

Vamos dizer isto a Ele (a oração também se encontra no livro do catequizando):

Senhor meu Deus,

Eu quero te conhecer. É para isto que estou na catequese.

Quero prestar atenção à tua Palavra que chega até mim através da minha catequista, através das pessoas que me querem bem e cuidam de mim. Sinto o teu amor nessas pessoas que me amam. Sinto tua presença nas pessoas que não me deixam sozinho. Escuto a tua voz nas palavras carinhosas de meus pais e de meus irmãos e irmãs.

Vou prestar muita atenção a tudo isso, pois com eles vou te conhecer e aprender a te ouvir. Assim, eles poderão, também, ouvir a tua voz através de mim. Amém!

⭐ No livro do catequizando

- Orientar as atividades do livro.

⭐ Na nossa família

- Fazer com a família a brincadeira de adivinhar o objeto pelo som que faz.
- Procurar um lugar silencioso lá na sua casa, no quarto ou no quintal, ficar ali alguns minutos para conversar com Deus: ouvir e falar com Ele.

17 — MINHAS MÃOS E PÉS ME LEVAM AO SEU ENCONTRO

Senhor, ajuda-me a andar nos caminhos do bem. Oriente os meus passos em tua direção. (Sl 5,9)

Objetivos do encontro

- Perceber que os pés possibilitam ir ao encontro dos amigos e das pessoas que precisam de nós.
- Descobrir que as mãos completam o trabalho dos pés nas demonstrações de carinho, amizade e ajuda a quem precisa.

Ao final do encontro, o catequizando deverá compreender que um coração cheio de amor e misericórdia nos faz ir ao encontro das pessoas numa convivência pacífica e amorosa que se desdobra em fraternidade.

Material necessário

- Uma faixa com a imagem de duas crianças se abraçando, com a frase: MINHAS MÃOS E PÉS ME LEVAM AO SEU ENCONTRO.
- Fichinhas com ordens para fazer mímica: dançar, lavar roupa, jogar futebol, escrever, pentear os cabelos, tomar banho, tocar piano, escovar os dentes, pular corda etc.
- Fazer um cartaz ou cópias com a música "É a gente que louva o Senhor" (*Sementinha 3*, Paulinas COMEP).

Preparação do ambiente

- Toalha bonita cobrindo a mesa ou o chão, onde serão colocadas as flores, a Bíblia aberta, a vela acesa, a faixa com a imagem de duas crianças se abraçando, com a frase: MINHAS MÃOS E PÉS ME LEVAM AO SEU ENCONTRO.

⭐ Olhar a nossa vida

Vamos brincar de fazer mímica. Vocês sabem o que é mímica? (Ouvir.) Mímica é uma imitação, quando usamos gestos, movimentos, expressões faciais e corporais, para expressar uma coisa, sem usar palavras.

O catequista deverá imitar alguém cantando, como exemplo. Chamar um catequizando e entregar uma ficha com a mímica que deverá apresentar. Quem adivinhar será o próximo a fazer a mímica.

Vejam que maravilha! O nosso corpo funciona de muitas formas. Podemos nos comunicar sem usar a nossa voz. Conseguimos nos entender direitinho. Outro modo de nos comunicar, então, é por meio de gestos. As nossas mãos e os nossos pés são muito importantes para nós. Com eles fazemos quase tudo. Imaginem como seria difícil o simples ato de comer, se não tivéssemos mãos; de ir para a escola, se não tivéssemos pés. Tudo seria bem mais difícil, não é mesmo? Além de cuidar do nosso corpo, as nossas mãos e os nossos pés têm funções muito especiais. Vocês conseguem imaginar quais seriam? (Ouvir e ajudar.)

Quando quero fazer um carinho em alguém que amo, eu uso as... Quando preciso ir ao encontro de alguém para festejar, para consolar, para abraçar, eu uso os meus... Quando vou ajudar a levantar alguém que caiu, eu uso as minhas... Quando vou amparar alguém que está com dificuldade de andar, eu uso as minhas...

➔ Podemos, então, dizer que minhas mãos e meus pés podem ser usados para fazer o bem? (Ouvir.)

➔ Podem ser usados para fazer o mal? Como? (Ouvir.)

Lembrar o uso das mãos para bater, maltratar alguém, chutar, abandonar. Vamos cantar fazendo gestos.

Música: "É a gente que louva o Senhor" (CD *Sementinha 3*)

Iluminar a nossa vida

Vimos que nossas mãos e nossos pés podem ser usados tanto para o bem quanto para o mal. Na Bíblia tem uma oração que fala assim: "Senhor, ajuda-me a andar nos caminhos do bem. Oriente os meus passos em tua direção" (Sl 5,9). O que vocês entendem dessa oração? (Ouvir e completar.) É um pedido de ajuda a Deus, para que Ele nos dê força e nos oriente, para que nosso coração escolha fazer sempre o bem com nossas mãos e nossos pés, um ajudando o outro a ir ao encontro das pessoas, para levar alegria, carinho, amizade, consolo e ajuda de todas as formas possíveis. Fazendo isso, iremos ao encontro d'Ele e encontraremos a verdadeira felicidade.

 Nosso compromisso

Vamos nos esforçar para que nossas mãos e pés estejam sempre a serviço do bem e do amor. E, se o mal eu praticar, ser humilde e pedir perdão a quem eu feri.

 Celebrar o nosso encontro

A gente sempre quer fazer o que é certo, mas em vez de fazer o bem, às vezes fazemos o mal. É preciso se arrepender, pedir perdão e recomeçar. Vamos fazer isto agora?

A cada prece vamos rezar juntos:

Todos: Senhor, oriente os meus passos em tua direção!

Catequista: Pelas vezes que nossas mãos se tornaram agressivas e feriram alguém, nós te pedimos...

Todos: Senhor, oriente os nossos passos em tua direção!

Catequista: Pelas vezes que deixamos de consolar alguém com gesto simples de carinho, nós te pedimos...

Todos: Senhor, oriente os meus passos em tua direção!

Catequista: Pelas vezes que nossos pés não foram ao encontro de um amigo(a), deixando-o(a) sozinho num momento de dificuldade, nós te pedimos...

Todos: Senhor, oriente os meus passos em tua direção!

Pegar a Bíblia aberta e orientar: agora em silêncio cada um vai colocar a mão direita na Palavra de Deus e dizer: Senhor, oriente os meus passos em tua direção!

Em seguida pedir para rezarem juntos a oração final que se encontra no livro do catequizando:

Senhor Deus, queremos agradecer pelas mãos e nossos pés, que tanto nos servem em tudo o que precisamos.

Senhor, ajuda-nos a andar nos caminhos do bem e do amor! Amém!

Cada um vai andar na direção do outro e dar um abraço desejando paz.

⭐ No livro do catequizando

- Orientar as atividades do livro do catequizando.

⭐ Na nossa família

- Chegando em casa, ao se encontrar com seus familiares, demonstrar que o ama muito, usando somente gestos.

18 — A ALEGRIA DE SER CRIANÇA

E Jesus ia crescendo em sabedoria, tamanho e graça diante de Deus e dos homens. (Lc 2,51a.52)

Objetivos do encontro

- Compreender que toda pessoa tem direitos e deveres.
- Incentivar o catequizando a querer crescer em estatura, sabedoria e graça.

Ao final deste encontro, o catequizando deverá estar entusiasmado e ciente de seus direitos, aprendendo a respeitar o direito dos outros e a querer crescer e se desenvolver como pessoa e como filho de Deus.

Material necessário

- Alguns brinquedos para ornamentar: boneca, bola, jogos infantis, carrinhos hot wheels etc.
- Música animada para a brincadeira.
- Uma imagem da Sagrada Família.
- Procurar a música "Toda criança quer" (de autoria da Palavra cantada) no youtube. Providenciar cópia da letra da música para todos ou colocar a letra num cartaz.
- Providenciar a letra e a música: "Amar como Jesus amou" (Pe. Zezinho).

Preparação do ambiente

- Organizar a mesa com uma toalha bonita, flores, a imagem da Sagrada Família, a Bíblia aberta no versículo que ilumina o encontro e os brinquedos.
- Dispor as cadeiras para o momento inicial, que será a "Dança das cadeiras".

⭐ Olhar a nossa vida

Vamos iniciar o nosso encontro com uma brincadeira que vocês já devem conhecer. Chama-se a "Dança das cadeiras". O número de cadeiras será menor do que o número de participantes. Ao som da música, vocês andarão em torno das cadeiras. Quando esta parar, todos procurarão sentar-se. O que sobrar sairá do jogo e retira-se uma cadeira. Vencerá o último a sentar.

Ao terminar a brincadeira, conversar um pouco sobre ela. Vocês gostaram da brincadeira? (Ouvir.) Brincar é muito gostoso, não é? Deixa a gente feliz e animada. Rimos bastante, não foi? Todo mundo gosta de brincar, mas criança gosta mais ainda. Outra coisa que deixa a gente feliz é cantar.

Música: "Toda criança quer" (*Palavra cantada*)

⭐ Iluminar a nossa vida

O que uma criança precisa para ser feliz? (Ouvir e completar.) Vamos conversar sobre as condições das crianças: Se não tem comida em casa, tem que trabalhar e não tem tempo para brincar, pode ser feliz? E se não tiver saúde? Sem carinho e atenção, será que é feliz? Para proteger a criança a lei dá a ela os direitos que precisa para crescer: brincar, estudar, atendimento médico, moradia, alimento, nome e sobrenome, ser aceita e respeitada por todas as pessoas, independentemente de sua cor, raça, religião, riqueza. Precisa crescer numa família que vai cuidar dela bem direitinho. Mas, esta lei é sempre respeitada? (Ouvir.) Existem muitas crianças abandonadas por aí, que não têm seus direitos respeitados, como elas se sentem? Como elas reagem? (Ouvir.) Elas ficam tristes e choram, não é? É muito triste ver uma criança infeliz e chorando. Deus quer que todas sejam alegres e felizes. Podemos dizer, em síntese, que alguns dos direitos da criança são:

- ter uma educação de boa qualidade;
- poder brincar com outras crianças da sua idade;
- não ser obrigada a trabalhar como adulto;

- ter uma boa alimentação que dê ao seu organismo todos os nutrientes que precisa para crescer com saúde e energia;
- ter acesso a atendimento médico;
- ter a proteção de uma família que a ame, seja ela natural ou adotiva;
- não sofrer agressões físicas por parte daqueles que são encarregados da sua proteção e educação ou de qualquer outro adulto;
- ser feliz.

Toda criança tem também deveres, a começar pelo respeito ao direito das pessoas com quem convivemos, pois só assim poderemos esperar que elas também nos respeitem. Outro dever é estudar e se preparar para a vida adulta, quando terá várias responsabilidades. Toda criança também tem o dever de respeitar as pessoas que são ou pensam diferente, pois, como cidadãos, precisamos aprender, desde a infância, a lidar com as diferenças. Fazemos isso não discriminando pessoas que tenham alguma deficiência física ou as que têm outra religião diferente da nossa, ou ainda, as que torcem por um time diferente do nosso. É nosso dever respeitar os que são diferentes porque eles também são cidadãos que possuem os mesmos direitos e deveres que nós.

A Bíblia conta que Jesus também foi uma criança muito esperta e feliz. Recebia os cuidados de sua família e ia crescendo em sabedoria e graça diante de Deus e das pessoas (Lc 2,51a.52). Olhando para Jesus nós dizemos que ser feliz é poder conhecê-lo, ser seu amigo e também crescer em sabedoria e graça diante de Deus. Ir aprendendo pela vida afora, a viver e amar como Jesus amou.

⭐ Nosso compromisso

Vimos que os direitos são muito importantes para o crescimento e a alegria das crianças, também os deveres. Os adultos também têm direitos e deveres que devem ser respeitados. O que uma criança precisa para ser feliz? (Ouvir.) Há muitas crianças sem comida, sem roupas, sem escola, sem brinquedos. O que você pode fazer para ajudar as crianças que não têm seus direitos respeitados? (Ouvir.) Depois comentar em que situações podem garantir os direitos de outras crianças: Quando na escola alguém humilha um colega, despreza ou fala mal, estar atento para promover o respeito a ele; partilhar com quem não tem seus brinquedos, roupas, calçados. Para isso procurar cuidar de seus objetos para que possam ser aproveitados por quem precisa.

⭐ Celebrar o nosso encontro

Ao redor da Bíblia, da imagem da Sagrada Família e de mãos dadas. Em silêncio vamos lembrar das pessoas que cuidam de nós e que nos ajudam a sermos felizes (silêncio). Vamos agradecer a Deus pela presença dessas pessoas em nossa vida, nos ajudando a crescer e a sermos felizes. Repitam comigo:

> *"Querido Deus, obrigada pela nossa vida, pelas pessoas que cuidam de nós e nos ajudam a crescer e ser feliz. Te pedimos: ajuda-nos a crescer em sabedoria e graça diante de Ti". Amém!*

Música: "Amar como Jesus amou" (Pe. Zezinho)

⭐ No livro do catequizando

➤ Orientar as atividades do livro.

⭐ Na nossa família

➤ Conversar sobre como os direitos e deveres são vividos em nossa família.

19 EU E AS CRIANÇAS DO MUNDO INTEIRO

Deixai as crianças virem a mim. E abraçava as crianças e, impondo as mãos sobre elas, as abençoava. (Mc 10,14b.16)

Objetivos do encontro

- Aprender a linguagem do amor.
- Aprender a perdoar para ter um bom relacionamento com todos.

Ao final deste encontro, o catequizando deverá ter assimilado que a linguagem universal, compreendida por todas as pessoas, mesmo de outras raças, línguas ou religiões, é a linguagem do amor.

Material necessário

- Imagens de crianças de diversas partes do mundo (que podem ser projetadas em datashow também, onde for possível). Procurar na internet e providenciar cartaz com a letra ou cópias da música "Amigos" (*Grandes pequeninos*).

- Fazer faixas com palavras ou frases que expressem a linguagem do amor: paciência; quem ama não tem inveja; quem ama quer ver o outro feliz; mansidão; saber esperar; ser amigo; abraço; carinho; atenção; perdão e outros.

Preparação do ambiente

- Mesa ornamentada com as imagens das crianças, flores, vela acesa e Bíblia aberta no versículo que ilumina o encontro.

- Com uma fita crepe, pregada no chão, dividir a sala em duas partes, sem as cadeiras, para fazer a dinâmica. Colocar a letra A de um lado e a letra B do outro. Terminada a dinâmica, dispor as cadeiras em círculo.

⭐ Olhar a nossa vida

Vamos fazer uma atividade para saber em que somos iguais ou diferentes. (O catequista fica em cima da linha, verticalmente, e pede aos catequizandos para ficarem de pé, à sua frente.) Vou dar algumas escolhas para vocês. Vamos começar?

- Quem gosta da cor verde, vá para o lado A; e, quem gosta da amarela, vá para o lado B.

- Quem tem olhos castanhos, vá para o lado A; quem tem olhos de outras cores, fique no lado B.

- Quem gosta de cantar, lado A; quem gosta de ler, lado B.

- Quem gosta de brincar com boneca, lado A; quem gosta de jogar futebol, lado B.

- Quem tem cabelos compridos, lado A; quem tem cabelos curtos, lado B.

- Quem quer ser amigo de Jesus, lado A; quem não quer, lado B.

Vamos colocar nossas cadeiras em círculo para continuar o nosso encontro. Quem não mudou de lado nem uma vez? (Ouvir.) Estiveram nos dois lados, não é? Qual foi a escolha em que todos ficaram do mesmo lado? (Ouvir.) Foi quando eu disse que quem quisesse ser amigo de Jesus e todos quiseram, não é? Então, somos parecidos em algumas coisas e diferentes em outras. Somos um grupo pequeno com muitas diferenças. Imaginem, então, se nos juntássemos às crianças do mundo inteiro. Como seria? (Ouvir.)

⭐ Iluminar a nossa vida

Distribuir as imagens de crianças de outros países, pedir que observem e façam comentário a respeito da aparência delas. Estas crianças parecem ser muito diferentes de vocês? (Ouvir.) O nosso Brasil tem muitas parecidas com elas, não é? Em que vocês acham que elas são diferentes de vocês? (Ouvir.) Estas crianças são diferentes nos costumes, no seu modo de vida, às vezes na religião, na raça e na língua que falam. Porém todas merecem respeito, carinho e atenção.

Vocês acham que conseguiriam ser amigos delas se começassem a conviver? (Ouvir.) Eu creio que sim. Criança é sempre igual no mundo inteiro: gosta de brincar, fazer amigos, conhecer gente e experimentar coisas novas. E Deus ama a todas igualmente, com amor.

A Bíblia diz que, uma vez, Jesus estava ensinando seus discípulos e as crianças também foram ao encontro d'Ele. Os discípulos não estavam deixando que elas se aproximassem de Jesus. Então Ele disse: "Deixai as crianças virem a mim. E abraçava as crianças e, impondo as mãos sobre elas, as abençoava" (Mc 10,14b.16). Jesus ama as crianças. Um amor que não impõe condições, gratuito, sem dar preferência para ninguém – ama a todos com o mesmo amor. E este deve ser, também, o nosso modo de nos comunicar entre nós e com cada pessoa do planeta: a linguagem do amor.

Música: "Amigos" (*Grandes pequeninos*)

 Nosso compromisso

Vamos aprender, com Jesus, a linguagem do amor, para poder nos comunicar bem com todas as crianças do planeta? (Ouvir.) A linguagem do amor é sempre nova, podemos inventar formas de mostrar ao outro nosso amor. Durante a semana vamos procurar através de palavras e gestos demonstrar o nosso amor pelos amigos, pessoas que convivem conosco e nossos familiares (um abraço, um beijo, um olhar sereno, uma mão estendida. Palavras como: "Eu te amo", "você é muito importante para mim", "você é uma pessoa legal, obrigado(a) pela ajuda").

 Celebrar o nosso encontro

Colocar as faixas com palavra que expressem a linguagem do amor ao redor da Bíblia. Ir dizendo devagar o que é a linguagem do amor. Em seguida, convidar o grupo a ficar de pé.

Deus também gosta de ouvir "eu te amo". Vamos dizer a Ele juntos (a oração se encontra também no livro do catequizando).

Querido Deus, eu te amo. Obrigada por teu amor sempre presente na minha vida. Perdoa a minha falta de jeito em demonstrar o meu amor por ti. Fica comigo no meu dia a dia e me ajude a ser tua palavra de amor para meus amigos, minha família e todos que por meu caminho passarem. Amém!

Abraçar é: segurar, envolver alguém com os braços, especialmente de modo afetuoso. É uma forma de carinho, de apoio e compreensão. É uma linguagem do amor. Não se abraça só o corpo, mas a pessoa. É um gesto que "diz": "eu estou unido a você". Vamos dar um abraço carinhoso em cada um aqui presente.

⭐ No livro do catequizando

- Orientar as atividades do livro.

⭐ Na nossa família

- Contar para seus pais sobre a linguagem do amor.

20 A FESTA DA VIDA

O Senhor é a força da minha vida; não temerei nenhum mal. (Cf. Sl 27,1b)

Objetivo do encontro

- Celebrar a vida dos catequizandos através de uma festa do aniversário deles.

Material necessário

- Um balão colorido para cada catequizando com uma frase dentro indicando o que devem fazer. Algumas frases podem ser repetidas:

1. Conte um fato de sua vida que o deixou muito feliz.
2. Conte um fato de sua vida que o deixou muito infeliz.
3. Conte uma situação engraçada que você viveu.
4. Conte qual foi a sua festa de aniversário que você mais gostou?
5. Como foi o seu Natal do ano passado?

- Distribuir as frases de acordo com o número de catequizandos. Por exemplo, se forem 10 catequizandos, duas de cada, e assim por diante.

- Um bolo de aniversário (combinar com as mães dos catequizandos para que façam a doação do bolo ou ver na comunidade quem pode doar o bolo); pratinhos, guardanapos, copos e garfinhos para comer o bolo, também suco ou refrigerante. Se não for possível o bolo, providencie pipoca para todos.

- Providenciar música para a dinâmica dos balões e para a festa no final do encontro.

Preparação do ambiente

➤ Uma mesa ornamentada com flores, vela acesa e a Bíblia aberta e um bolo de aniversário.

➤ Os catequizandos ficarão de pé, espalhados pela sala. As cadeiras ficarão mais afastadas, liberando o centro da sala.

⭐ Olhar a nossa vida

Entregar um balão para cada catequizando, já com a frase dentro do balão. Pedir para que cada um encha o seu e amarre, para o ar não escapar. Esperar que todos terminem.

Vamos fazer uma dança com estes balões. Vou colocar uma música e, enquanto ela estiver tocando, vocês vão jogar os balões para cima, levantando-os com as mãos, para que eles não caiam no chão. Podem ajudar seus colegas. Quando a música parar, vocês vão se assentar sobre o balão para ele arrebentar. Dentro tem uma frase. Peguem a frase, a sua cadeira, e vamos nos assentar em círculo. Vamos lá? (Colocar a música e esperar um pouco para terminar a brincadeira. Se algum balão arrebentar antes, pedir que pegue a frase de seu balão.)

Quando já estiverem assentados, em círculo, pedir que cada um leia a sua frase e faça o que se pede.

⭐ Iluminar a nossa vida

Vocês contaram, aqui, alguns fatos da vida de vocês. Na nossa vida, cada dia é diferente do outro, não é? Um dia a gente está alegre; outro dia, triste, às vezes zangado ou com medo. Quem nos deu a vida? (Ouvir.) A vida é um presente para você? Por quê? (Ouvir.) A vida é um grande presente de Deus. Quem não gosta de brincar, de se divertir, de amar e de conviver com a família e amigos!? A vida traz dificuldades, mas, também, traz muitas alegrias.

Na Bíblia tem um Salmo que fala assim: "O Senhor é a força da minha vida; não temerei nenhum mal" (cf. Sl 27,1b). Esta frase quer dizer que, mesmo que eu esteja em dificuldades, sofrendo, não preciso ter medo. Deus nos acompanha e nos ilumina dando coragem para superarmos nosso sofrimento. Não precisamos ter medo. Deus também nos ajuda através das pessoas que nos ajudam.

Nosso compromisso

Como eu posso cuidar da minha vida, este grande presente que Deus nos deu? (Ouvir.) Posso cuidar da minha vida cuidando do meu corpo para não adoecer; cuidando da minha inteligência, aprendendo sempre coisas boas e desenvolvendo todas as minhas qualidades; cuidando do meu coração, para que ele esteja sempre disposto a amar, como Deus nos ama. Vamos assumir o compromisso de cuidar da nossa vida? O que preciso fazer para que isso aconteça? Qual atitude preciso realizar?

Celebrar o nosso encontro

E se hoje estamos aqui vivos, vamos celebrar? Vamos fazer uma festa da vida, uma festa de aniversário de todos vocês. Vamos cantar "Parabéns pra você" (Enquanto cantam, circundar a mesa preparada com o bolo.)

Vamos agradecer a Deus pela nossa vida, rezando a oração que está no livro do catequizando.

> *Amado Deus, obrigado pela minha vida. Permanece comigo e me dê coragem para viver a vida com muito amor e alegria! Amém!*

(Abraçar, uns aos outros, e desejar parabéns e felicidades. Distribuir o bolo ou pipoca para todos.)

⭐ No livro do catequizando

➤ Orientar as atividades do livro para ser feita em casa.

⭐ Na nossa família

➤ Conte em casa como foi a festa da vida, do aniversário de todos vocês.

DEUS SE COMUNICA CONOSCO ATRAVÉS DAS PESSOAS

21 NA FAMÍLIA: CRESCER NO AMOR

Como é bom e agradável os irmãos viverem unidos. (Sl 133,1)

Objetivos do encontro

- Identificar a família como lugar de crescer no amor, no respeito e no cuidado uns para com os outros.
- Perceber a família como um grupo de pessoas diferentes entre si, que devem conviver, harmoniosamente, para o crescimento de todos.

Ao final deste encontro, o catequizando deverá reconhecer que a sua família é um presente de Deus para ajudá-lo a crescer em todos os aspectos como pessoa: no amor, na ajuda mútua, no respeito e na aceitação de cada um de seus membros com as diferenças de cada um.

Material necessário

- Gravuras de diversos tipos de família: pai, mãe e filhos; presença de só um dos pais ou avós; mãe com os filhos; pai com os filhos.
- Imagem ou gravura da Sagrada Família.
- Providenciar a música "A Família" (CD *Sementinha 3* – Faixa 10). Se possível uma folha com a letra para todos.

Preparação do ambiente

- Em uma mesa forrada, ou no chão, com uma toalha bonita: vela acesa, Bíblia aberta no versículo que ilumina o encontro, flores e a imagem da Sagrada Família.

 **Olhar a nossa vida**

HISTÓRIA DA OVELINA

Fausta Maria Miranda

Era muito mais do que uma manada, era uma bela e unida família de elefantes. Tinha a mamãe e o papai elefante e um casal de filhotes. Apesar disso, a mamãe elefante sentia que faltava algo mais. Ela sentia no seu coração que na família cabia mais um filhote. Este também era o desejo de todos na família, mas por algum motivo a mamãe não conseguia mais ter filhotes.

Mas, certo dia, a manada seguia pela floresta quando encontrou uma ovelhinha recém-nascida abandonada e sozinha na mata. A mamãe ovelha havia morrido ao enfrentar um lobo, atraindo-o para longe de sua filhotinha.

A mamãe elefanta entendeu a situação da ovelhinha e, com seu enorme coração de mãe, resolveu criá-la e protegê-la. Quanta alegria! Todos da manada ficaram muito felizes com a chegada da caçulinha. Sentiram que agora a família estava completa. Os filhotes faziam festa com a nova irmãzinha. Todo sorridente, o papai decidiu que sua nova filha se chamaria Ovelina.

Ovelina cresceu feliz, saudável e com cachinhos macios de ovelha em um ambiente de amor e carinho. Ela sempre soube que não havia nascido da mamãe elefanta, ela percebia as diferenças físicas, elefantes são mesmo bem diferentes de ovelhas. Porém, estas diferenças ficavam invisíveis quando se está rodeado de amor, respeito e, também, de amigos. Ovelina tinha amigos de monte e de todas as espécies: passarinhos, girafas, búfalas e até jacaré.

Naturalmente, não demorou muito para que alguns amigos começassem a notar as diferenças entre Ovelina e sua família, e por isso enchiam a ovelhinha de perguntas. No início a ovelha nem se importava, mas a frequência das perguntas só aumentava e Ovelina começou a se incomodar. Respondia que a diferença entre ela e sua família se dava ao fato de ser parecida com outros parentes que moravam longe. Desta forma ninguém poderia comparar, pois assim veriam que ela não se parecia mesmo com ninguém de sua família.

O que antes não fazia diferença passou a deixar a ovelhinha muito triste. Ela procurava em sua manada alguma característica semelhante à dela, o nariz ou os olhos, por exemplo. Mas nunca encontrava. E seria estranho que encontrasse, pois de fato elefantes e ovelhas são realmente bem diferentes.

Sabendo da angústia da caçulinha, a manada tentou de várias formas animá-la. Em vão. A mamãe elefanta ficou triste ao ver sua filhotinha tão desanimada e resolveu ajudar a encontrar as respostas que ela procurava, e assim lhe disse:

– Ovelina, não são as semelhanças que nos unem e as diferenças jamais nos afastarão. Pense nisso e suas aflições desaparecerão!

Depois da conversa com sua mamãe, Ovelina descobriu o verdadeiro significado da família: família é muito mais do que aparências. Família é cuidar uns dos outros. É respeitar e, acima de tudo, é amar incondicionalmente.

Entretanto, todos só falavam de Ovelina e de sua família. Ao se aproximar de seus amigos, Ovelina ouviu comentários preconceituosos:

– Coitada da Ovelina, a pobrezinha nem família tem. – Disse a girafa.

– Onde já se viu uma ovelha fazer parte de manada de elefantes?! - Completou o passarinho.

– Uma ovelha querer ser um elefante! Pobre coitada. - Disse o jacaré com tom de pena.

A búfala, bufando foi logo falando:

– Vejam vocês, meus amigos! Ovelina quer fazer-nos acreditar que uma ovelha pode ser da família de elefantes, assim como pode nascer uma jaca em um cajueiro!

Ovelina deu um passo à frente e disse:

– Meus amigos, vocês não têm razão. Sou uma ovelha e minha família é uma manada de elefantes. Esta é a minha família! Não é a semelhança que nos uniu e nem será a diferença que nos afastará. O que nos torna uma família é o amor que temos uns pelos outros.

⭐ Iluminar a nossa vida

O que esta história nos ensina? (Ouvir.) Esta história nos ensina o que é ser uma família. É o cuidado que temos uns com os outros, a aceitação e o respeito pelos que são diferentes; todos unidos pelo amor. Na sua família todos são parecidos? (Ouvir.) Cada um tem seu jeito. Um é mais calado, outro mais falador, outro mais brincalhão, um mais carinhoso, outro mais sensível e, assim por diante. Os irmãos podem até brigar entre si de vez em quando, mas quando alguém magoa um membro de nossa família, ficamos zangados com esta pessoa, não é?

As famílias são iguais. Mas, em que são diferentes? (Apresentar as gravuras com os tipos de família e pedir que as crianças vão identificando.) Algumas famílias têm pai e mãe que cuidam e educam os filhos; outras, só a mãe; outras, só o pai; algumas a tia e a avó...

Na Bíblia há um Salmo (uma oração) que diz assim: "Como é bom e agradável os irmãos viverem unidos" (Sl 133,1). Conhecer uma família que vive unida é muito agradável mesmo, é muito bom. Vocês agora vão me dizer: o que faz uma família de verdade? (Ouvir.) (Buscar a resposta da Ovelina na história).

Música: "A Família" – *Sementinha 3* – Faixa 10 (ou outra música que fale de família).

Nosso compromisso

Ler a história da Ovelina para as pessoas que cuidam de você e conversar sobre a história. Motivar a assumir uma atitude como compromisso para viverem bem e mais unidos como família.

Celebrar o nosso encontro

Vamos rezar pelas nossas famílias, pedindo a bênção de Deus para elas. A cada prece, vamos cantar juntos:

Todos: Abençoa, Senhor, as famílias, amém! Abençoa, Senhor, a minha também! (bis)

Catequista: Para que os pais e as mães acolham com amor a sua missão de cuidado e educação dos filhos, nós te pedimos...

Catequista: Para que os filhos tenham um lar, onde reine o amor e união de todos, nós te pedimos...

Catequista: Para que na família o diálogo e o perdão promovam sempre a paz, nós te pedimos...

Catequista: Para que os filhos cuidem de seus pais com mansidão e respeito, nós te pedimos...

Oração à Sagrada Família

Jesus também nasceu em uma família. A Sagrada Família de Nazaré – Jesus, Maria e José. Repitam comigo:

Jesus, Maria e José, dirigimos nosso olhar a vós, com admiração e confiança. Em vós contemplamos a beleza da comunhão no verdadeiro amor. A vós confiamos todas as nossas famílias, para que nelas se renovem as maravilhas da graça.

Que cada família seja um lar acolhedor de bondade e paz para as crianças e para os idosos, para os enfermos em solidão, para os pobres e necessitados.

Jesus, Maria e José, abençoai nossas famílias e dá-nos a paz.

⭐ No livro do catequizando

 Orientar as atividades do livro que também poderão ser feitas em casa.

⭐ Na nossa família

 Pedir ao papai, à mamãe ou alguém da família para assistir com você o filme "Lilo e Stitch".

 Convidar seus pais para participarem do próximo encontro que será uma celebração com a família.

22 CELEBRAÇÃO COM A FAMÍLIA

Os teus filhos chegam de longe, e as tuas filhas são carregadas nos braços. Quando vires isto, ficarás radiante de alegria; o teu coração vibrará e se dilatará. (Cf. Is 60,4b-5a)

Objetivos da celebração

- Promover a interação entre família e catequese.
- Reconhecer que os filhos são um dom único e irrepetível.

Material necessário

- Folha de papel pardo ou kraft para um cartaz, onde deverá ser escrito os sobrenomes das famílias que estarão participando da celebração.
- Providenciar a música "Ilumina, ilumina" (Pe. Zezinho). Pode ser encontrada na internet. Prever que todos tenham a letra em mãos.
- Escolher quem irá fazer a leitura bíblica (pode ser um pai ou mãe).

Preparação do ambiente

- Mesa enfeitada com flores, vela acesa, Bíblia aberta e a imagem da Sagrada Família, cadeiras em semicírculo.
- Ao acolher as famílias, pedir que escrevam no papel pardo os seus sobrenomes. Não escrever um abaixo do outro, mas artisticamente, desordenado, com inclinações.

 **Acolhida**

Catequista: Sejam todos bem-vindos. (Mostrar o papel com os sobrenomes. Se houver mesmo sobrenome, verificar se são parentes.)

A nossa identidade é o nome de nossa família. Nossos pais nos dão a vida, o nome e o sobrenome. Pelo sobrenome sabemos a qual família pertencemos. Vamos nos apresentar? (Cada família se apresenta dizendo o nome dos pais/familiares e do catequizando.)

Música: Onde reina o amor, fraterno amor. Onde reina o amor, Deus aí está.
(Pedir aos catequizandos para dar um abraço de paz nos pais/familiares que os acompanham.)

 **Proclamar a Palavra**

Aclamação: Fala, Senhor, fala da vida. Só Tu tens palavras eternas, queremos ouvir! (bis)

Leitura: "Os teus filhos chegam de longe, e as tuas filhas são carregadas nos braços. Quando vires isto, ficarás radiante de alegria; o teu coração vibrará e se dilatará" (cf. Is 60,4b-5a).

Catequista: No texto do profeta Isaías que lemos diz que a alegria dos filhos faz palpitar os corações dos pais e reabre o futuro. Os filhos são a alegria das famílias. Os filhos são um dom, um presente único e irrepetível.

Jesus também nasceu numa família e morava em Nazaré com seus pais. Era filho querido. A família de Jesus era grande, na mesma casa ou no mesmo quintal moravam todos os parentes: primos, tios, cunhados, avós. As famílias eram muito unidas, ajudavam-se umas às outras. Jesus aprendeu a conviver com a grande família.

Numa família cada um tem seu jeito. Um é mais calado, outro mais falador, outro mais brincalhão, um mais carinhoso, outro mais sensível e, assim por diante. As famílias também têm diferenças entre elas, mas o mais importante é viver unido. Deus se alegra com a união e o amor (Sl 133,1-3). O amor entre a família é o mais importante, como vimos na história da Ovelina, no encontro passado (lembrar a história). Cada filho ao nascer trouxe preocupações e desafios, mas também muitas alegrias. Quais foram?

(Pedir aos pais ou familiares para comentarem brevemente como é cada catequizando, a alegria que trouxe ao nascer.)

 Rezar pelas nossas famílias

Catequista: Peçamos a Deus que abençoe as nossas famílias e nos ajude a conviver com amor, sabedoria e harmonia.

Todos: Abençoa, Senhor, as famílias, amém! Abençoa, Senhor, a minha também! (bis)

Leitor 1 – Abençoa, Senhor, nossas famílias, para que cresçam no amor e sejam felizes.

Leitor 2 – Que nossa casa, Senhor, seja lugar acolhedor, onde todos sejam respeitados.

Leitor 3 – Ajuda-nos, Senhor, a ter muita paciência uns com os outros e também diálogo.

Preces espontâneas... (Motivar a pedir também pelos doentes e idosos de nossas famílias.)

Catequista: Rezemos, de mãos dadas, a grande oração da família de Deus, onde Jesus nos ensina a chamar Deus de Pai.

Pai nosso...

Catequista: Vamos cantar, fazendo da música uma oração. Orientar para que uma parte seja cantada pelos pais/familiares homens, outra, pelas mães/mulheres e o resto por todos, pois todos são filhos.

Música: "Ilumina, ilumina" – Pe. Zezinho

 No livro do catequizando

➔ Pedir aos pais/familiares ou avós que ajudem o catequizando a formar a sua árvore genealógica.

23 MINHA COMUNIDADE: A GRANDE FAMÍLIA

Onde dois ou três estiverem reunidos em meu nome, eu estarei ali no meio deles. (Mt 18,20)

Objetivos do encontro

- Compreender o que é a comunidade e sua importância.
- Despertar o desejo de viver em comunidade.

Ao final deste encontro, o catequizando deverá perceber que dependemos uns dos outros e que ao nos unirmos por interesses e necessidades formamos comunidade. A comunidade cristã é exemplo dessa experiência em que unida pelo amor e fé em Jesus, busca praticar a solidariedade, a convivência fraterna e a partilha de dons.

Material necessário

- Fazer um cartaz com os nomes das comunidades da paróquia, ligadas por linhas, formando uma rede (se a paróquia não for dividida em comunidades, coloque o nome dos setores). Deixar para colocar o nome da paróquia ao final.
- Uma imagem do padroeiro da paróquia (retrato ou gesso) e uma toalha de retalhos.
- Fazer fichas com as palavras: COMUNIDADE, COMUNIDADE CRISTÃ, CRISTÃOS e PARÓQUIA.

Preparação do ambiente

- Colocar uma toalha de retalhos no chão, flores, Bíblia aberta, vela acesa e a imagem do padroeiro da paróquia.

⭐ Olhar a nossa vida

Uma família consegue viver isolada, sem precisar de ninguém? (Ouvir.) É claro que não, não é? As famílias se juntam, por exemplo, para educar seus filhos numa escola e formam a COMUNIDADE escolar, onde professores trabalham na educação dos alunos. Podemos dizer que diretores, professores, alunos, zeladores, porteiros e pais e mães/familiares dos alunos, fazem parte da comunidade escolar. (A ficha com a palavra COMUNIDADE deve ser colocada à frente, sobre a toalha.)

A família também depende de uma rede de pessoas para sobreviver: o padeiro que faz o pão; o produtor rural que plantou o trigo que faz a farinha para fazer o pão; o médico que cuida da nossa saúde e assim por diante... (Dar outros exemplos ou solicitar que os catequizandos falem sobre quem são as pessoas/profissionais de quem precisam em seu cotidiano.) A família se une a outras num mesmo bairro e buscam resolver os problemas juntas. Vão se formando vários tipos de comunidades onde as famílias se ajudam.

⭐ Iluminar a nossa vida

A COMUNIDADE CRISTÃ (apresentar a ficha e colocar sobre a toalha) tem algo em comum aos que a ela pertencem: o amor e fé em Jesus Cristo. Como passamos a pertencer a esta comunidade? (Ouvir.) Passamos a pertencer a ela quando somos batizados. O Batismo nos torna CRISTÃOS (apresentar a ficha e colocar sobre a toalha) e nos coloca na comunidade cristã. Jesus disse: "Onde dois ou três estiverem reunidos em meu nome, eu estarei ali no meio deles" (Mt 18,20). Então, assim, Jesus garante a sua presença na comunidade cristã. Ela se torna a grande família dos filhos de Deus, que se reúnem para rezar, celebrar, ouvir a sua Palavra e conviver fraternalmente uns com os outros, unidos pelo amor.

As comunidades cristãs têm nome, geralmente o nome de um santo padroeiro, escolhido para inspirar, pelo seu testemunho, a vida na comunidade. (Apresentar o cartaz com as comunidades paroquiais.) As comunidades juntas formam a PARÓQUIA. (Apresentar a ficha e colar no cartaz.) A paróquia, também, tem um padroeiro. O padroeiro da nossa paróquia é... (Apresentar a imagem do padroeiro da paróquia.)

 Nosso compromisso

Você conhece a sua comunidade? Participa de suas celebrações? Se já faz isso, parabéns! Continue participando e levando a sua alegria a todos. Se não conhece ou não participa, convide seus pais/familiares para participar de agora em diante. A comunidade é muito importante para o nosso crescimento na fé.

 Celebrar o nosso encontro

Vamos rezar pela nossa comunidade. A cada pedido, vamos rezar juntos:

Todos: Senhor, queremos ser uma comunidade unida e fraterna!

1. A comunidade cristã se reúne para ouvir e aprender com a Palavra de Deus.
2. Celebrar, com alegria e fé, fortalece a comunidade cristã.
3. É na comunidade cristã que descobrimos a alegria de sermos irmãos em Cristo.
4. Na comunidade cristã, somos chamados a socorrer os irmãos que precisam de nós.

Jesus nos ensinou a chamar Deus de Pai, ensinando-nos a oração do Pai-nosso. Rezemos a oração que Jesus nos ensinou: Pai nosso...

 No livro do catequizando

- Orientar as atividades do livro do catequizando.

Na nossa família

- Pedir alguém da família para ajudar nas atividades do seu livro.

107

24 VIVA O PADROEIRO DA COMUNIDADE!

Sejam santos como o vosso Pai do Céu é santo. (Mt 5,48)

Objetivos do encontro

- Motivar a buscar a santidade.
- Conhecer as virtudes do santo padroeiro da comunidade, para procurar imitá-las.

Ao final do encontro, o catequizando deverá descobrir que ser santo é procurar fazer a vontade de Deus, vivendo o amor, praticando a justiça e a verdade a cada dia: em casa, na escola, na comunidade, ou seja, onde estivermos.

Material necessário

- Se forem todos da mesma comunidade, levar um cartaz com a imagem colorida do santo padroeiro (ou a imagem do padroeiro).
- Se não forem da mesma comunidade, o catequista deverá conhecer a história de todos para completar alguma coisa que faltar.
- Providenciar a música "Amar como Jesus amou" (Pe. Zezinho) que pode ser encontrada na internet. Escrever a letra num cartaz ou fazer cópias para todos. (Verifique também se no livro de cantos da sua comunidade tem a letra da música.)

Preparação do ambiente

- Mesa pequena ornamentada como nos encontros anteriores: toalha bonita, flores, vela acesa, Bíblia e crucifixo. Imagem ou cartaz do padroeiro da comunidade.
- Os catequizandos dispostos em círculo, em torno da mesa.

⭐ **Olhar a nossa vida**

No encontro passado, conhecemos a comunidade cristã. Qual é o padroeiro da nossa paróquia? Vimos também que a paróquia é organizada em comunidades. Cada comunidade também tem um padroeiro. Alguém sabe por que a comunidade e a paróquia tem padroeiro? (Ouvir.) Na vida cristã existem pessoas que deram testemunho de amor e de gestos de solidariedade para com os mais pobres, os que estão sofrendo. São pessoas que por causa de Jesus Cristo colocaram sua vida a serviço dos que mais precisam. A Igreja chama essas pessoas de santos(as). Os santos nos inspiram a viver a amizade com Deus e com os irmãos. Cada comunidade ou paróquia escolheu uma dessas pessoas santas (homem ou mulheres) para ser seu padroeiro, ou seja, para que seu testemunho de vida, seu jeito de viver, seja inspiração para a vida das pessoas da comunidade.

O(a) padroeiro(a) da nossa comunidade (e/ou paróquia) tem qualidades de vida que nos inspiram a viver (apresentar algumas dessas qualidades aos catequizandos.)

 Iluminar a nossa vida

Como uma pessoa se torna santa? (Ouvir.) Quando procura fazer a vontade de Deus, isto é, quando vive o amor, faz sempre o bem, respeitando as pessoas e a natureza. É santo quem vive inspirado por Jesus Cristo e faz da sua vida sinal do amor no meio do mundo, sempre pronto a ajudar quem mais precisa. O santo é alguém que vai se tornando amigo íntimo de Deus e vive conversando com Ele, ou seja, o santo reza. Os santos da nossa Igreja viveram a vida deles assim. Como nós, tiveram alegrias, tristezas, dores, foram egoístas, mas pediram perdão, foram ofendidos e perdoaram, procuraram fazer o bem a todos. Porém o mais importante: amaram muito. É isso que Deus quer de nós.

Uma das recomendações que Jesus fez aos discípulos foi: "Sejam santos como o vosso Pai do Céu é santo" (Mt 5,48). Jesus nos convida à santidade para que sejamos felizes: brincando, divertindo, estudando, passeando, ouvindo a Palavra de Deus, rezando, mas, principalmente, amando como Jesus amou.

Pe. Zezinho compôs uma música que fala o que a gente deve fazer para ser feliz, para ser santo. Vamos cantar?

Música: "Amar como Jesus amou" (Pe. Zezinho)

 Nosso compromisso

Vamos identificar qualidades do(s) nosso(s) santo(s) padroeiro(s) e escolher duas ou mais, para tentar imitá-los.

 Celebrar o nosso encontro

Vamos dizer os nomes de todos os santos que conhecemos, um de cada vez, e rezar juntos:

Todos: Rogai a Deus por nós!
São Francisco de Assis
Todos: Rogai a Deus por nós!
Santo Antônio
Todos: Rogai a Deus por nós!
Nossa Senhora Aparecida
Todos: Rogai a Deus por nós!

(Esperar que façam a invocação de outros santos. Ajudar aos que tiverem dificuldade).

Terminar fazendo o sinal da cruz.

 No livro do Catequizando

↪ Orientar as atividades do livro.

 Na nossa família

↪ Contar quais qualidades que você escolheu do santo padroeiro da comunidade, para tentar imitar. Diga a eles qual a qualidade que você mais admira neste santo.

25 DEUS SE COMUNICA CONOSCO NA BÍBLIA

A tua Palavra é lâmpada para guiar os meus passos, é luz que ilumina o meu caminho. (Sl 119,105)

Objetivos do encontro

- Identificar a Bíblia como Palavra de Deus.
- Despertar o amor e o carinho para com este livro sagrado.

Ao final deste encontro, o catequizando deverá perceber porque o cristão demonstra amor e carinho pela Bíblia, e que esse amor ele também pode demonstrar ao ser consciente de que ela é a Palavra de Deus que orienta nossa vida no caminho do amor.

Material necessário

- Diversos livros escolares da idade dos catequizandos, se possível, os deles próprios;
- Livros de orações e novenas;
- Providenciar a música "A Bíblia é a Palavra de Deus" (Frei Fabretti). Pode ser encontrada na internet ou em livros de cantos litúrgicos. Fazer cópias para todos aprenderem.
- Escolher três catequizandos para preparar a mesa onde será colocada a Bíblia no momento de celebrar o encontro e um catequizando para carregá-la.

Preparação do ambiente

- Uma toalha aberta no chão, com os livros e a Bíblia dispostos sobre ela. Se possível, todos deverão sentar-se no chão, fazendo uma rodinha em torno da toalha.
- Escolher um lugar na sala para colocar uma mesa, que deverá ser preparada pelos catequizandos para colocar a Bíblia, flores e vela.

⭐ Olhar a nossa vida

Nós podemos ver sobre a toalha diversos livros, não é? Escolham um. (Depois que cada catequizando escolher o seu, pedir a um deles que diga que tipo de livro ele escolheu e o que este livro ensina, assim, chamando um de cada vez. Deixar, quem e o que estiver com a Bíblia, por último. Quando chegar a vez do catequizando que está com a Bíblia, pedir a ele que diga o nome do livro.)

É sobre esse livro que vamos conversar hoje. É um livro igual aos outros? (Ouvir.) Esse é um livro especial para nós cristãos. Vocês observaram que, em todos os nossos encontros, sempre colocamos esse livro aberto na nossa mesa decorada, junto com as flores e a vela? Por que será? (Ouvir.)

⭐ Iluminar a nossa vida

Este livro especial, a Bíblia, na verdade é uma coleção de livros (73 livros). A Bíblia contém a Palavra de Deus e os ensinamentos de Jesus. A Bíblia é um livro muito antigo, escrito devagarinho, para contar a história do povo de Deus. Tem histórias muito bonitas nela. A Bíblia é o livro da comunidade, dos cristãos e por isso é, também, o livro da Catequese. Tudo o que vocês aprenderam, até hoje, foi tirado dela. É a Bíblia que nos ensina a viver como filhos de Deus.

A Bíblia também tem orações, os Salmos. Em um dos Salmos está escrito: "A tua Palavra é lâmpada para guiar os meus passos, é luz que ilumina o meu caminho" (Sl 119,105). Isso quer dizer que a Palavra de Deus, que está na Bíblia, é luz a nos guiar nos caminhos da vida.

Por isso tudo, colocamos a Bíblia sobre a mesa enfeitada e tratamos esse livro com muito respeito e amor. A gente até beija esse livro, não é? Agora, vamos passar a Bíblia de mão em mão e beijá-la. (O catequista beija e passa adiante. Esperar que todos façam o gesto.)

Vamos, agora, cantar uma música na qual a Bíblia é a Palavra de Deus, semeada no meio do povo.

Música: "A Bíblia é a Palavra de Deus" (Frei Fabretti)

Nosso compromisso

Contar para um amigo da escola o que você aprendeu sobre o livro mais importante dos cristãos, a Bíblia.

 Celebrar o nosso encontro

Vamos fazer uma procissão com a Bíblia, cantando, até que seja colocada na mesa. (Quando se aproximar da mesa preparada colocar a Bíblia nela. Os catequizandos deverão ficar de pé, em torno dela.)

Vamos fazer uma oração, neste momento, em torno da Bíblia. O livro que contém a Palavra de Deus para nós. A cada pedido vamos rezar juntos, cantando:

Todos: Eu gosto de escutar, tua Palavra, tua Palavra, tua Palavra de amor! (Cantado)

1. A Bíblia é a Palavra de Deus para seus filhos.
2. A Bíblia fala do grande amor de Deus para conosco.
3. A Bíblia traz ensinamentos que nos guiam nos caminhos da vida.
4. A Bíblia também nos ajuda a conhecer Jesus.

Terminar com a bênção:

Abençoe-nos o Deus todo misericordioso, Pai, Filho e Espírito Santo.

Todos: Amém!

 No livro do Catequizando

↪ Orientar as atividades do livro do catequizando.

 Na nossa família

↪ Pedir para cada catequizando trazer uma Bíblia para o próximo encontro (se for possível).

↪ Pedir para contar em casa o significado da Bíblia para nós cristãos.

26 Celebração: BÍBLIA, PALAVRA DE DEUS!

A Palavra de Deus é viva e eficaz. (Hb 4,12)

Objetivo da celebração

- Celebrar, com alegria, a Palavra de Deus.

Material necessário

- Pequenos cartazes com desenhos das cenas dos terrenos da Parábola do Semeador, para serem apresentadas durante a leitura da mesma: *cena da semente que caiu à beira do caminho, cena da semente que caiu no meio das pedras, cena da semente que caiu no meio dos espinhos, cena da semente que caiu em terra boa.*

- Providenciar as músicas "A Bíblia é a Palavra de Deus" (Frei Fabretti) e "O Semeador" (CD *Sementinha 3* – faixa 3). Também providenciar a letra para todos. Ensaiar as músicas sugeridas antes da celebração.

- Escolher os catequizandos que irão levar a Bíblia e a vela até a mesa preparada; os que irão segurar os desenhos da parábola durante a leitura do texto bíblico.

Preparação do ambiente

- Preparar um ambiente bonito e acolhedor para receber os pais, padrinhos e catequizandos.

- Colocar as cadeiras em semicírculo, com uma entrada no meio. À frente, ornamentar uma mesa para colocar a Bíblia, em destaque.

 **Acolhida**

Catequista: Sejam todos bem-vindos a esta nossa Celebração da Palavra de Deus.

Todos: Em nome do Pai...

Catequista: Vamos receber com muito carinho a Palavra de Deus, cantando.

(Entrada da Bíblia com a vela que será colocada no local preparado.)

Música: "A Bíblia é a Palavra de Deus" (Frei Fabretti).

 A Palavra de Deus nos ensina (Mt 13,3-9)

Catequista: Vamos abrir a Bíblia no texto de Mt 13,3-9, colocar a mão sobre ela e juntos dizer: "Que esta Palavra oriente o meu caminho".

Catequista: Jesus ensinava as parábolas através de histórias. Certa vez, Ele contou a seguinte parábola:

(Mostrar a cena da semente que caiu à beira do caminho.)

Catequizando: Um homem saiu para semear. Quando espalhava as sementes, algumas caíram à beira do caminho. E os passarinhos comeram tudo.

(Mostrar a cena da semente que caiu no meio das pedras.)

Catequizanda: Outras sementes caíram num lugar onde havia pedras. As sementes logo brotaram, mas o sol queimou as plantinhas.

(Mostrar a cena da semente que caiu no meio dos espinhos.)

Catequizando: Outras caíram no meio dos espinhos. Os espinhos cresceram e abafaram as plantas.

(Mostrar a cena da semente que caiu em terra boa.)

Catequizanda: Algumas sementes caíram em terra boa, cresceram fortes e produziram muitos frutos.

Catequista: Jesus nos ensina que a semente é a Palavra de Deus que pode cair no nosso coração e encontrar terra boa, mas também espinhos, pedras, terra endurecida. Se a Palavra de Deus encontrar terra boa dará frutos de bondade, amor, paciência, solidariedade etc. Mas, também, pode encontrar um coração endurecido, que produz frutos como o egoísmo, a injustiça, a inveja e a maldade. Nós aprendemos com Jesus que precisamos cuidar do nosso coração para que ele seja sempre terra boa. Aí sua Palavra encontrará lugar para florescer e seremos felizes.

Todos: Quero ter um coração bonito igual de Jesus!

Música: "O Semeador" (*Sementinha 3* – faixa 3)

 Preces

Catequista: Rezemos, pedindo as bênçãos de Deus. A cada pedido, vamos rezar ou cantar juntos:

Todos: Ó luz do Senhor, que vem sobre a terra, inunda meu ser, permanece em nós!

1. Ilumina, Senhor, a nossa vida para que sejamos terra boa.

Todos: Ó luz do Senhor, que vem sobre a terra, inunda meu ser, permanece em nós!

2. Ajuda, Senhor, a amar e a conhecer a tua Palavra.

Todos: Ó luz do Senhor, que vem sobre a terra, inunda meu ser, permanece em nós!

3. Conceda, Senhor, sabedoria à nossa catequista, para que ela persevere no estudo da Palavra, sendo exemplo de fé e amor para nós.

Todos: Ó luz do Senhor, que vem sobre a terra, inunda meu ser, permanece em nós!

Catequista: Vamos juntos, de mãos dadas, rezar: Pai nosso...

 **Bênção final**

Catequista: Abençoe-nos o Deus todo misericordioso, Pai, Filho e Espírito Santo.

Todos: Amém!

27 DEUS NOS ENVIA SEU FILHO

Nasceu para nós um menino, um filho nos foi dado. Seu nome será Príncipe da Paz. (Is 9,5)

Objetivos do encontro

- Perceber que o nascimento de Jesus foi o jeito mais carinhoso que Deus usou para se comunicar conosco.
- Aprender que Jesus foi o maior presente que Deus deu à humanidade.

O catequizando precisa sentir-se grato a Deus, pelo imenso amor que Ele demonstrou por nós, ao enviar seu Filho ao mundo e, mais uma vez, sentir-se amado e cuidado.

Material necessário

- Imagens do presépio: Menino Jesus, Maria, José, os reis do oriente, anjos, pastores e ovelhas.
- Um fantoche (masculino ou feminino) que será o Natalino ou a Natalina.
- Providenciar a letra da música "Noite Feliz".

Preparação do ambiente

- Preparar uma mesa onde o presépio deverá ser montado e organizar as cadeiras em semicírculo.

Olhar a nossa vida

Eu trouxe um amigo para conversar um pouco com vocês. Este é o Natalino. (Usar um tom de voz diferente para ser o Natalino. Se o catequista tiver dificuldade, peça a alguém para ser o Natalino.)

Natalino: *Oi, crianças!*
Vamos cumprimentar o Natalino? (Esperar o cumprimento em conjunto, como as crianças gostam de cumprimentar: bom dia, boa tarde...)

Natalino: *Estou muito feliz de estar aqui, conversando com vocês. Vocês já observaram que, no início do mês de dezembro, as lojas e as praças ficam enfeitadas de modo diferente, com arranjos especiais? Tudo é preparado para uma festa muito especial que se aproxima. Como são os enfeites?* (Ouvir. O catequista ajuda os catequizandos a se lembrarem.)

Natalino: *É isto mesmo, tudo muito lindo. Sabem o enfeite que eu mais gosto? É a árvore de Natal. E vocês?* (Ouvir.)

Natalino: *E os presentes, então! Como é bom ganhar presentes, não é? Mas, todas as crianças ganham presentes?* (Ouvir.) *Tem um presente muito especial que todos nós ganhamos, mas é o catequista de vocês quem vai falar dele, porque agora eu preciso ir. Foi muito bom conversar com vocês. Tiaau!* (O catequista guarda o fantoche após a despedida dos catequizandos).

 Iluminar a nossa vida

A Bíblia diz: "Nasceu para nós um menino, um filho nos foi dado. Seu nome será Príncipe da Paz" (Is 9,5). Escutem o segredo que eu vou contar para vocês, bem baixinho: O melhor presente, que recebemos de Deus, é Jesus. É Ele o Príncipe da Paz. É por isso que existe a festa do Natal. Natal é a festa do aniversário de Jesus. Qual é o dia em que comemoramos o aniversário de Jesus? (Ouvir.) Quem conhece a história do nascimento de Jesus? Vou contar a história e vocês vão montando o presépio. (Distribuir as imagens do presépio.)

Há muito tempo, havia uma jovem na cidade de Nazaré, chamada Maria. Deus enviou um anjo para levar uma mensagem àquela jovem. O anjo lhe disse que Deus a escolheu para ser a mãe de Jesus e queria saber se ela aceitava. Maria aceitou a missão de ser a mãe de Jesus, o

Filho de Deus. Mas, para ajudá-la a cuidar dele, ela casou-se com José, o pai adotivo de Jesus.

Mas, o imperador romano quis fazer um recenseamento para saber quantos homens estavam sob seu domínio. Cada um deveria se apresentar na sua cidade de origem para registrar-se. José deveria ir para Belém. Já estava próximo o dia de Jesus nascer. Mesmo assim, José e Maria tiveram que viajar para lá.

Chegando em Belém, a cidade estava cheia, pois muitas famílias tiveram que ir para lá também. José não conseguiu lugar em nenhuma hospedaria da cidade – todas já não tinham mais vagas.

Maria e José perceberam que já havia chegado a hora do bebê nascer. Então, José levou Maria para um lugar, um tipo de gruta onde os animais se alimentavam e dormiam. Havia ali, naquela noite, um boi e um burro. (Pedir aos catequizandos para colocar os animais no presépio.)

Assim, Maria e José foram para lá. (Pedir para colocar Maria e José no presépio.) Naquela mesma noite Jesus nasceu. (Pedir para colocar o Menino Jesus no presépio.) Então o anjo foi contar aos pastores que Jesus havia nascido e eles foram, bem rápido, conhecer o Menino. (Pedir para colocar o anjo, os pastores e as ovelhas no presépio.) Todos estavam muito felizes.

Então, o Menino Jesus recebeu uma visita muito chique: três reis do oriente ficaram sabendo do nascimento de Jesus, através de um sinal: uma estrela que os guiou até onde estava o Menino e foram levar presentes para Ele. (Pedir para colocar os reis no presépio.) Foi assim que aconteceu.

Música: "Noite Feliz"

Nosso compromisso

O Natal é a festa do aniversário de Jesus. Porém, quem ganha presentes somos nós. De modo especial, Jesus é nosso maior presente. Um presente que Deus ofereceu a toda a humanidade. Então, eu quero propor a vocês que, antes de pedir presentes a seus pais, sejam vocês mesmos um presente para eles. Como podemos ser um "presente" para os outros? (Ouvir.) Somos um "presente" para os outros quando a nossa presença sempre traz alegria, harmonia, carinho e paz onde estamos. Vocês topam?

Celebrar o nosso encontro

Diante do presépio que montamos vamos fazer a nossa oração final. Após cada prece, vamos rezar, juntos, a oração que está no livro do catequizando.

Todos: Menino Jesus, ajuda-nos a ser um "presente" para todos.

Catequizandos: Menino Jesus, queremos ser um "presente" para nossos pais. Vamos nos esforçar para sermos sempre carinhosos, tratando-os com atenção e cuidado.

Todos: Menino Jesus, ajuda-nos a ser um "presente" para todos.

Catequizandas: Queremos ser um "presente" para nossos avós, oferecendo a eles o nosso carinho e consideração que eles merecem. Prometemos cuidar deles em suas necessidades, demonstrando, com o nosso amor, o quanto eles são importantes para nós.

Todos: Menino Jesus, ajuda-nos a ser um "presente" para todos.

Catequizandos: Queremos ser um "presente" para nossos irmãos e irmãs, fazendo com que a nossa convivência, em casa, seja boa, uns ajudando os outros e nos divertindo juntos, isto é, vivendo de maneira amorosa e amiga.

Todos: Menino Jesus, ajuda-nos a ser um "presente" para todos.

Catequizandas: Enfim, queremos ser um "presente" para todas as pessoas. Que a nossa presença junto delas traga alegria, companheirismo, amizade, cuidado em todos os momentos – rir com quem está feliz e chorar com quem está sofrendo.

Todos: Menino Jesus, ajuda-nos a ser um "presente" para todos.

(Cantar novamente a música "Noite Feliz".) (Se o próximo encontro for realizado no período próximo ao Natal, distribuir as falas do teatro, para que os catequizandos possam treinar em casa.)

 No livro do catequizando

- Orientar a atividade no livro em que há o desenho de um presépio para colorir.

Na nossa família

- Se o próximo encontro for próximo ao Natal pedir para:
- Trazer um prato de salgadinho ou doce para a festa.
- Convidar sua família para a celebração do Natal. Pedir que cheguem meia hora depois do horário normal da catequese.

ANEXOS

Anexo 1 — É NATAL!

Eu vos anuncio uma grande alegria, que será também a de todo o povo: hoje, na cidade de Davi, nasceu para vós o Salvador, que é o Cristo Senhor! (Lc 2,10-11)

Objetivo do encontro

- Celebrar o Natal com os catequizandos e suas famílias.

Material necessário

- Uma manjedoura e um Menino Jesus, um pouco maior, para a encenação, e todo o material necessário para a realização do teatro (roupas ou panos coloridos e acessórios.)

- Se possível, procurar na internet o choro de um bebê e a música "Aleluia" de Handel (só para o momento do Aleluia.)

Preparação do ambiente

- Preparar uma tenda (se possível) que servirá de lugar onde o Menino Jesus vai nascer, já com a manjedoura vazia e o Menino Jesus escondido dentro da tenda.

- Colocar as cadeiras em semicírculo, à frente da tenda, para que os presentes possam assistir o teatro.

- Os personagens deverão estar escondidos fora da sala (se possível) ou, então, montar um biombo para escondê-los.

TEATRO DE NATAL

(A primeira meia hora do encontro deve ser usada para um ensaio geral e lugar onde os personagens deverão ficar.)

Personagens (15)

Maria

José

Pastores (2)

Anjos (2)

Um boi e um burro (caracterizar pelo menos, com uma máscara).

Donos da estalagem (2)

Arauto do imperador

Reis (3)

Narrador (seria interessante se fosse o próprio catequista).

Narrador: Há muito, muito tempo, havia um casal que vivia na cidade de Nazaré. O nome da mulher era Maria e o nome do marido era José. Maria estava grávida, já quase nos dias do neném nascer, quando o imperador Augusto decretou um grande recenseamento, isto é, queria saber quantos homens estavam sob seu domínio no império.

Arauto do imperador: (falar bem alto e com voz forte) O imperador Augusto manda fazer uma contagem de todos os homens que estão sob suas ordens. Cada homem deverá registrar-se, com sua família, em sua cidade de origem.

Narrador: Quando o imperador mandava, todos obedeciam. A cidade de origem de José era Belém. Assim, José e Maria viajaram para Belém, para cumprir o decreto do imperador. Foi uma viagem muito difícil. Montada num burrinho, grávida de nove meses, Maria e José chegam, finalmente, a Belém.

(Nesse momento, Maria dá uma volta na sala, amparada por José. Os donos de hospedagens se posicionam em um lugar, previamente combinado com o catequista. Maria e José se posicionam diante dos estalajadeiros.)

Narrador: Quando José e Maria chegaram à cidade de Belém, a cidade já estava cheia, pois outras famílias tinham ido para lá, obedecendo à ordem do imperador. Quando batiam à porta de alguma hospedaria, obtinham a mesma resposta:

Donos de hospedaria: (em coro) Estamos com a casa cheia. Não temos mais nenhum lugar.

Narrador: Percebendo que o bebê estava já para nascer, José levou Maria para o único lugar que encontrou: uma espécie de gruta, que servia de abrigo aos animais e onde eram alimentados.

(Enquanto Maria e José se dirigem para a tenda, o boi e o burro se posicionam, um de cada lado dela. Maria e José se assentam à entrada da tenda. Os pastores se posicionam num lugar previamente combinado, longe da tenda.)

Narrador: E, assim, naquela noite abençoada, nasce o Salvador, o Cristo Senhor!

(Coloca-se o choro do bebê e, logo após, toca-se uma parte da música "Aleluia" de Handel. Maria retira a imagem do Menino Jesus de dentro da tenda e a coloca na manjedoura.)

Narrador: Nessa hora tão feliz, os anjos vão até os pastores, dar a notícia a eles.

Anjos: (Em coro) Eu vos anuncio uma grande alegria: hoje nasceu o Salvador, o Cristo Senhor.

(Tocar mais um pouco de Aleluia de Handel.)

Narrador: Os pastores levantaram-se e foram adorar o Menino Jesus.

(Os pastores se posicionam de joelhos, assentados sobre os calcanhares, perto da tenda.)

Narrador: Mas, as visitas ao Menino ainda não tinham terminado. Lá do Oriente, guiados por uma estrela muito brilhante, três reis também foram adorar a criança e levar presentes a ela. Dizem que seus nomes eram: Gaspar, Belchior e Baltazar. E aqui terminamos a história do nascimento de Jesus.

Celebrar o nosso encontro

Catequista: Aproxima-se o Natal, festa de alegria e esperança. Unidos a todos os que esperam com amor a chegada do menino Jesus, façamos chegar a Deus nossa prece, cantando:

Todos: Ó luz do Senhor, que vem sobre a terra, inunda meu ser, permanece em nós!

1. Deus de ternura, faz morada em nosso coração trazendo muito amor!
2. Deus da Luz, ilumina a vida da nossa família, faz de nós sinal de esperança no meio do mundo!
3. Deus de bondade, faz de nossa família um presépio vivo, lugar de acolhida, perdão e alegria!
4. Deus da paz, acolhe com amor todas as pessoas que promovem a solidariedade e a fraternidade.

Motivar preces espontâneas...

ORAÇÃO DIANTE DO PRESÉPIO

Os adultos vão impor as mãos sobre os catequizandos, enquanto eles fazem a sua oração diante do presépio. A oração se encontra no livro do catequizando.

Senhor Jesus, diante de teu presépio nos lembramos que um dia foste criança como nós. Sabemos que foste um bom filho, amando sua mãe Maria e seu pai José. Queremos aprender contigo como ser um bom filho, irmão e amigo de todos. Abençoai-nos, Menino Jesus!

Música: "Noite Feliz!"

Terminado este momento, desfazer o presépio e os catequizandos vão se trocar. Reuni-los ao redor da mesa para partilhar o que trouxeram. Colocar algumas músicas de Natal, tocando bem baixinho, para que todos possam conversar, enquanto comem.

Anexo

2 Celebração: MARIA, MÃE DE JESUS

Alegra-te, cheia de graça, o Senhor está contigo. (Lc 1,28)

Objetivo da celebração

- Conhecer um pouco mais Maria, a mãe de Jesus.
- Despertar carinho e amor por Maria.

Material necessário

- Uma imagem de Nossa Senhora.
- Para a coroação: flores para todos, coroa e véu.
- Fazer cópias para todos da música "Canção da Mãe de Deus e nossa" (Frei Fabretti e Ir. Isabel), e também "Maria de Nazaré" (Pe. Zezinho).

Preparação do ambiente

- Preparar uma mesa com toalha bonita, a imagem de Nossa Senhora, numa altura que facilite a coroação pelos catequizandos. Não esquecer a Bíblia, flores e vela.
- Organizar as cadeiras em círculo, ao redor da mesa.

 **Acolhida**

Catequista: Hoje nos reunimos para celebrar a memória de Maria, a mãe de Jesus e nossa Senhora.

Começamos saudando Maria, rezando juntos a Ave-Maria.

Todos: Ave Maria, cheia de graça...

 Ouvir e meditar a Palavra

Catequista: Tudo começou com um "SIM". Maria aceitou ser a mãe de Jesus. Ela ouviu uma simples saudação do anjo: "Alegra-te, cheia de graça, o Senhor é contigo". E o mundo nunca mais foi o mesmo.

Todos: "Alegra-te, cheia de graça! O Senhor está contigo"!

Aclamação: (a escolha)

Leitura: Lc 1,28-32.38

Catequista: Maria ouve a Palavra de Deus, através do anjo e diz SIM. Entrega-se totalmente a Deus, com muita fé e confiança. Torna-se a mãe de Jesus. Maria é muito querida pelos amigos de Jesus. Querida porque ela nos mostra que nosso "sim" a Deus pode ser um SIM enorme ao amor. Nosso SIM a Deus pode transformar nossa vida. E quanto mais querida é a mãe de Jesus mais ela é invocada, lembrada. Muitos nomes e títulos o povo foi lhe dando, dependendo do lugar, da situação de vida. Por exemplo: Nossa Senhora das Dores, Nossa Senhora das Graças, Nossa Senhora do Perpétuo Socorro, Nossa Senhora Aparecida, Rainha do Céu e muitos, mas muitos outros nomes. Porém, é a mesma mãe de Jesus, Maria, que é admirada e querida por fazer a vontade de Deus e por interceder a Deus por nós.

Todos: Nossa Senhora, Mãe de Jesus, roga por nós!

Música: "Maria de Nazaré" (Pe. Zezinho)

 Prece

Catequista: Maria, a Nossa Senhora, mãe de Jesus e nossa mãe no céu, pede a Deus por nós com todo amor.

Todos: Maria, Nossa Senhora, ajude-nos ser amigos de Jesus, teu Filho querido.

1. Maria nos ensina a ter paciência, a saber escutar e esperar, sempre confiante em Deus.

Todos: Maria, mãe de Jesus, ensina-nos a viver com confiança em Deus!

2. Que nos momentos de dificuldades, Maria, a Mãe que Jesus ofereceu a todos nós, possa sempre amparar nossos passos nos caminhos do amor e da alegria.

Todos: Maria, Mãe da Esperança, roga por nós!

3. Que Maria peça a Deus por nossas famílias e por todas as crianças.

Todos: Maria, Mãe de imenso Amor, roga por nós!

COROAÇÃO DE NOSSA SENHORA

Catequista: Durante o mês de maio, gostamos de homenagear nossa mãe Maria, fazendo uma coroação. É um gesto de carinho nosso. É o que vamos fazer agora. (Formar duplas para a coroação, um catequizando e uma catequizanda: dois para colocar a coroa, dois para colocar o véu e o restante para colocar as flores – assim todos participam.)

Música: "Canção da Mãe de Deus e nossa" (Frei Fabreti e Ir. Isabel) (somente 1ª estrofe e refrão) ou outra música.

Coroação

Maria, nós hoje aqui estamos, pois queremos te coroar. Tu sabes que o nosso amor é puro e é o que temos para te ofertar.

VÉU: Não temos nenhum manto de ouro que possamos te oferecer. Por isso, trazemos este véu para a tua fronte envolver.

FLORES: As flores que agora te ofertamos, representam as nossas vidas. Oh! Mãe, olha todas as famílias para que permaneçam sempre unidas.

COROA: Maria, modelo de virtude, de coragem e de fervor, aceita também esta coroa como símbolo do nosso amor.

Todos: Ave Maria, cheia de graça...

Anexo 3 — CAMPANHA DA FRATERNIDADE

Vós sois todos irmãos. (Mt 23,8)

Objetivo do encontro

- Conhecer o tema da Campanha da Fraternidade.
- Desenvolver o senso de responsabilidade pelos irmãos na ajuda mútua.

Ao final deste encontro, o catequizando deverá descobrir que ser irmão em Cristo é solidarizar-se com todas as pessoas, na partilha e na vivência fraterna.

Material necessário

- Criar um quebra-cabeça, de 15 a 20 peças, com a palavra FRATERNIDADE. Colocar a palavra sobre um fundo com flores ou figuras geométricas coloridas de cores diferentes, para dificultar um pouco a formação do mesmo.

- Cartaz da Campanha da Fraternidade (CF) do ano atual. Se não for possível ter em mãos o cartaz, procurar na internet e projetar.

- Imagens (gravuras) de situações ligadas ao tema da CF que pedem a nossa solidariedade. É possível organizar um painel de gravuras sobre o tema. Providenciar uma música que fale da fraternidade ou o hino da CF do ano.

- Procurar na internet vídeos sobre a CF ou sobre fraternidade, ou mesmo histórias infantis que tratem do tema.

Preparação do ambiente

- No chão, no centro da sala, colocar uma toalha ou um pano colorido, uma vela acesa, flores, a Bíblia aberta, cartaz da Campanha da Fraternidade e as gravuras.

- Cadeiras em semicírculo.

⭐ **Olhar a nossa vida**

Distribuir as peças do quebra-cabeça entre os catequizandos. Se for necessário, um ou mais catequizandos poderá receber mais de uma peça. Vocês receberam peças de um quebra-cabeça. Vamos descobrir que mensagem ele contém. Alguém coloque a primeira peça. Quem acha que tem a peça que se encaixa nela pode colocar. E, assim, um de cada vez, experimente sua peça para encaixar.

Quando todas as peças forem colocadas, aparecerá a palavra FRATERNIDADE. Pedir que os catequizandos leiam. Vocês sabem o que esta palavra significa? (Ouvir.) Fraternidade quer dizer irmandade. Irmandade vem de qual palavra? (Ouvir.) Irmandade vem de irmãos, quer dizer, irmãos vivendo juntos, unidos.

 Iluminar a nossa vida

Deus ama cada um de nós, somos seus filhos. Se todos somos filhos do Pai do Céu, todos somos irmãos, pertencemos à grande família dos filhos de Deus. Em nossa família, os irmãos se gostam e se ajudam, às vezes saem briguinhas por causa de um brinquedo, uma fruta, uma coisa qualquer, mas logo passa, e a briga é esquecida. Viver como bons irmãos é viver na irmandade, na fraternidade, unidos, assim como Deus quer. Não só na nossa família, mas sentir-se família de Deus, onde Ele é Pai, fazendo-nos todos irmãos.

A nossa Igreja, todo ano, nos oferece a Campanha da Fraternidade. Você já ouvir falar dela? (Ouvir.) Esta campanha quer nos lembrar exatamente isso: "Vós sois todos irmãos" (Mt 23,8). É o próprio Jesus quem fala isso para nós.

Apresentar o cartaz da Campanha da Fraternidade do ano vigente. Convidar a olhar o cartaz da CF deste ano. (Ler o lema que é significativo e explicar.) A Igreja quer que aprendamos a viver unidos como irmãos e sejamos fraternos e solidários. Por isso, todos os anos no tempo da Quaresma, ela nos convida a pensar sobre isso, durante a Campanha da Fraternidade. A Igreja nos desafia a refletir sobre uma realidade que está precisando da nossa solidariedade.

Verificar possibilidade de utilizar uma música ou vídeo sobre o tema da CF.

Procurar algo que seja adequado à sensibilidade da criança.

 Nosso compromisso

Escolher, com os catequizandos, um compromisso simples e possível de ser realizado por eles, de acordo com o lema da CF do ano. Um painel de gravuras pode ser feito pelo grupo. No painel identificar no próprio bairro ou comunidade ações concretas para a vivência do que é pedido pela CF. O painel poderia ficar num local visível da comunidade ou da paróquia e ajudar na conscientização sobre o tema proposto.

 Celebrar o nosso encontro

Pedir para contemplar as imagens que mostram realidades ligadas ao tema da CF e motivar o grupo a escrever uma oração a Deus pedindo ajuda para construir a fraternidade (ver no livro do catequizando). Depois pedir para o grupo ficar ao redor da mesa com a Bíblia, a vela acesa, o cartaz da CF e rezar a sua oração.

Encerrar com o Pai-nosso e o abraço da paz.

 Na nossa família

- Contar o que aprendeu sobre a Campanha da Fraternidade para seus pais e irmãos.

Anexo

FESTA DA PÁSCOA: JESUS ESTÁ VIVO!

Aquilo que você semeia não germina se, antes, não morrer.
(Cf. 1Cor 15,36)

Objetivos do encontro

- Entender que Páscoa é a Ressurreição de Jesus.
- Perceber a Páscoa como vida que se renova sempre.

Ao final deste encontro, o catequizando deverá perceber que Páscoa é a grande festa em que os cristãos celebram a Ressurreição de Jesus e que a Páscoa é a vida que se renova sempre. Podemos ser sinal de Páscoa onde estivermos.

Material necessário

- Uma flor bonita.
- Placas com as palavras: RESSURREIÇÃO, PÁSCOA, VIDA NOVA.
- Um pequeno pergaminho (meia folha de papel sulfite) com a oração do Credo, enfeitado artisticamente, um para cada catequizando.

Preparação do ambiente

- Mesa coberta com uma toalha branca, Bíblia aberta, flores e uma vela grande acesa.
- Cadeiras em círculo, ao redor da mesa.

⭐ Olhar a nossa vida

Na minha mão, eu tenho uma linda flor natural. Como ela está? (Deixar que os catequizandos falem o que quiserem. Se eles não falarem que ela está viva, fazer uma pergunta que levará a esta resposta.) Ela está viva ou morta? (Ouvir.) Ela ainda está viva. Vamos passar a flor de mão em mão e cada um vai tirar um pedacinho dela. (Deixar que tirem pedacinhos, até que sobre somente o talo.) E, agora, vamos consertá-la? É possível? (Ouvir.) Não é possível. Agora ela está morta. Mas em muitas circunstâncias na natureza a vida se renova. Vejamos alguns exemplos: após uma queimada, quando cai a chuva, tudo volta a brotar; uma árvore cortada rente ao chão brota de novo; lugares onde cai neve tudo morre, e na primavera tudo renasce.

⭐ Iluminar a nossa vida

Uma semente que cai na terra, para brotar e virar uma árvore ou outra planta, precisa morrer. A semente de um abacate, por exemplo, carrega em si tudo o que será o abacateiro, mas para se transformar em árvore, precisa morrer e brotar. Quem olha para uma semente, tão simples, dificilmente pode acreditar que dentro dela pode morar a beleza exuberante de um girassol, por exemplo. Jesus foi morto apesar de só fazer o bem e amar a todos, mas Deus o ressuscitou. PÁSCOA é a RESSURREIÇÃO de Jesus (mostrar as placas). Páscoa é a passagem da morte para a vida. Jesus Ressuscitou, ou seja, Jesus Vive.

PÁSCOA é uma grande festa em que os cristãos celebram a ressurreição de Jesus. PÁSCOA é VIDA NOVA. A Páscoa pode acontecer sempre em nossa vida. Por exemplo, o médico que transforma sua profissão em uma missão de salvar vidas, com dedicação e amor, traz consigo o sinal da Páscoa, vida que vence a morte. Todas as vezes que o amor vence o ódio, acontece um sinal de Páscoa. Vamos pensar como isto acontece. Duas pessoas brigam pra valer. Isto é sinal de morte, desunião, ódio entre as duas. Alguém que ama as duas vai ao encontro delas e faz acontecer o perdão. Isto é a Páscoa, vida nova. Em nossa casa, como podemos nos tornar sinal de

Páscoa? (Ouvir.) Quando amamos mais, quando perdoamos mais, quando servimos, ajudamos mais, quando a nossa fé em Jesus nos faz querer fazer a vontade de Deus em nossa vida.

Existe um momento especial em que celebramos a Páscoa de Jesus o ano inteiro. Alguém sabe? (Ouvir.) Todas as vezes que celebramos uma missa, celebramos a Páscoa de Jesus. Por isso, a nossa Igreja nos pede para celebrar esta Páscoa, pelo menos uma vez por semana. Qual é este dia? (Ouvir.) O domingo. Jesus está vivo! Ele é a nossa Páscoa!

⭐ Nosso compromisso

Que alegria saber que Jesus está vivo em nosso meio. Vamos procurar ser sinal de Páscoa onde a gente estiver, principalmente em nossa família. Para isso, vamos aprender com Jesus, celebrando a sua Páscoa, todos os domingos. Combinado?

⭐ Celebrar o nosso encontro

Vamos fazer uma reflexão sobre a Páscoa. A cada uma delas, vamos rezar juntos:

Todos: Jesus, que a tua presença em nossa vida, nos ajude a recomeçar sempre!

1. Páscoa é renascimento. Que também nós possamos renascer em nosso coração.
2. Páscoa é quando dizemos sim ao amor, ao perdão, à paz.
3. Páscoa é estar pronto para abrir os braços, para abrir as mãos e ser mais irmão. Páscoa é um tempo de se alegrar, de ser grato, ter certeza de que tudo está perdoado.

⭐ No livro do catequizando

↪ Orientar as atividades do livro do catequizando.

⭐ Na nossa família

↪ Combinar de celebrar juntos, aos domingos, a Páscoa de Jesus, indo à missa.

137

REFERÊNCIAS

Bíblia Sagrada. Petrópolis: Vozes, 2005.

OLENIKI, M.R. L. & MACHADO, L.M.P. *O encontro de catequese*. 2. ed. Petrópolis: Vozes, 2000.

DEL-FRARO FILHO, J. *Os obstáculos ao amor e à fé* – O amadurecimento humano e a espiritualidade cristã. São Paulo: Paulus, 2010.

ALBERICH, E. *Catequese evangelizadora*: manual de catequética fundamental. São Paulo: Salesiana, 2004.

CONFERÊNCIA NACIONAL DOS BISPOS DO BRASIL. *Diretório Nacional de Catequese*. São Paulo: Paulinas, 2006 [Documento da CNBB, 84].

_____. *Iniciação à Vida Cristã*. Brasília: Edições CNBB, 2017 [Documentos da CNBB, 107].

MENDONÇA, J.T. *A leitura Infinita*: A Bíblia e a sua interpretação. São Paulo: Paulinas/ Recife: UNICAP, 2015.

MENDONÇA, J.T. *Pai-nosso que estais na terra*. São Paulo: Paulinas, 2017.

KONINGS, J. *Ser cristão* – Fé e prática. 5. ed. Petrópolis: Vozes, 2011.

BROSHUIS, I.; TREVIZAN, L. & GUIMARÃES, E. *O belo, o lúdico e o místico na catequese*. Belo Horizonte: O Lutador, 2014.

GOPEGUI SANTOYO, J.A.R. *Experiência de Deus e catequese narrativa*. São Paulo: Loyola, 2010.

PIRES, D. *A estrela e a busca*. Rio de Janeiro: Gráfica Olímpica Editora, 1977.

Sugestões de músicas (CDs)

SARDENBERG, M. *Sementinha* 1, 2. Paulinas-Comep.

PEQUENOS CANTORES SANTUÁRIO SANTA EDWIGES-SP. *Sementinha* 3 e 4. Paulinas-Comep.

Pe. ZEZINHO. *Lá na terra do contrário e Deus é bonito*. Paulinas-Comep.

Pe. ZEZINHO. *Coisas que já sei*. Paulinas-Comep.

GRUPO MUSICAL IR. TECLA MERLO. *Vamos animar e celebrar*. Paulinas-Comep.

PATRÍCIO, Ir. Zélia. *A bonita arte de Deus 1*. Paulinas-Comep.

FABRETTI, Frei & SARDENBERG, M. *Os salmos das crianças*. Paulinas-Comep.

PEQUENOS CANTORES DE APUCARANA. *Encontro feliz e a festa dos amiguinhos de Jesus*. Paulinas-Comep.

PEQUENOS CANTORES DE APUCARANA. *A voz dos pequeninos*. Paulinas-Comep.

JORGE, E. *Pérolas em canções*. Canção Nova.

SERRALVA, M. *Turminha do Tio Marcelo*.

CARROSSEL. Volume 2 (2012). Gravadora Records.

Sugestões de Sites

www.catequesehoje.org.br- com indicações de conteúdos para a formação do catequista, sugestões de dinâmicas e recursos (músicas, filmes, poemas, vídeos e outros) para os encontros catequéticos.

www.catequesedobrasil.org.br - com indicações de conteúdos para a formação do catequista.

Catequese hoje. Apresenta textos com comentário espiritual do evangelho dominical elaborados pelo Pe. Adroaldo Palaoro sj. Disponível em: https://catequesehoje.org.br/raizes/espiritualidade.

Conecte-se conosco:

 facebook.com/editoravozes

 @editoravozes

 @editora_vozes

 youtube.com/editoravozes

 +55 24 2233-9033

www.vozes.com.br

Conheça nossas lojas:
www.livrariavozes.com.br

Belo Horizonte – Brasília – Campinas – Cuiabá – Curitiba
Fortaleza – Juiz de Fora – Petrópolis – Recife – São Paulo

Vozes de Bolso

EDITORA VOZES LTDA.
Rua Frei Luís, 100 – Centro – Cep 25689-900 – Petrópolis, RJ
Tel.: (24) 2233-9000 – E-mail: vendas@vozes.com.br